평범함에 도둑맞은 탁월함

평범함에
도둑맞은
탁월함

평범함과 탁월함을 가르는
결정적 조건

이재영 지음

	평범한
	평범한
	평범한
	평범한
	평범한
	평범한
	평범한
	평범한
	평범한
	탁월함

일에일북

프롤로그

✦ 내면의 탁월함으로 나아가라

간혹 주변에서 특이한 사람들을 본다. 서번트 증후군(savant syndrome)도 그중 하나다. 지인의 아들은 바로 이 서번트 증후군을 앓고 있어서 날짜를 말하면 요일을 척척 맞춘다. 절대음감이 있어서 한번 들으면 즉석에서 연주하기도 한다.

〈이상한 변호사 우영우〉는 이와 비슷한 사람을 묘사하고 있다. 이 작품의 주인공 우영우는 자폐 스펙트럼 장애가 있지만 천재적인 두뇌를 지녔으며, 고도의 집중력을 발휘할 수 있다.

법전과 판례를 정확하게 외우는 기억력과 감정에 치우치지 않는 논리력으로 법정에서 엄청난 힘을 발휘하지만, 일상적인 행동에서 불안장애를 드러내는 등 약점을 보이기도 한다.

이렇게 평범의 범주를 벗어난 이들이 살아가기에 사회는 녹록치 않다. 그 천재성은 다른 장점들을 허물기 때문이다.

신은 천재에게 불행을 선사해 일반인에게 위로를 주는가? 아니면 불행한 사람에게 재능을 선물해 위로를 주는가? 문제의 답은 알 수 없는 일이다.

자연의 생물체는 갑자기 몸집이 커지는 성장 방식을 택하는 경우가 많다. 청소년들이 갑자기 키가 크는 시기를 두고 '장다리 자라나듯 한다.'라고도 표현한다. 우리의 신체는 갑작스레 성장하며 마찬가지로 마음과 정신도 갑자기 자라난다.

나는 28세에 교수직을 시작한 이후로 지금까지 수많은 학생들을 봤는데 간혹 급격하게 성장하는 학생들을 만난다. 내 실험실에서는 성적과 무관하게 학생을 받기 때문에 매우 뛰어난 논문을 쓴 학생이 학부 성적은 최하위였다는 사실을 뒤늦게 알기도 한다.

캐나다의 어느 대학에서 펠로우로 있던 시절, 실험실의 오합지졸 학생들과 재미난 연구를 진행하던 교수님께서는 이렇게 말씀하셨다. "정예군대를 데리고 전투에서 이기는 장군도 장군이지만, 오합지졸을 데리고 이기는 장군이 진짜 뛰어난 장군이다."

그 교수 자신이 탁월하다는 의도로 꺼낸 말이겠지만, 나는 지금도 그 오합지졸이 성장하여 최정예가 되었다고 생각한다. 나 자신도 평범한 학생이었다가 어느 순간 성장하여 전교 3등으로 올라선 경험이 있다.

우리 실험실의 학생들이 크게 성장하여 미국 유수 대학의 교수, 구글에서 개발한 VR 안경의 실무 책임자로 거듭났다는 사실 또한 이를 입증한다. 이처럼 짧은 기간에 급속하게 성장하는 것을 '불연속 성장'이라고 일컫는다.

애벌레가 나비가 되는 과정을 예시로 들어보겠다. 이파리를 기어 다니는 애벌레는 그저 식욕을 충족하려 움직이는 1차원적 운동체이나, 우화를 통해 3차원 공간을 날아다니는 나비로 변신한다.

올챙이가 자라서 개구리가 되는 것도 마찬가지다. 올챙이 꼬리는 개구리가 되는 과정 속에서 생체시계가 다해 소멸한다고 한다. 옛 사람들은 이를 사후세계에 대한 지혜로 여겼지만 개인의 내면에 숨어있던 탁월함이 드러나는 것을 설명하기에 안성맞춤이다.

그래서 나는 평범에서 탁월함으로의 변화는 간헐적인 불연속 성장이라고 생각한다. 성장을 기점으로 완전히 달라지는 체험을 경험한 사람은 자신의 한계를 규정하지 않는다. 날개를 달고도 풀잎 위를 기어 다니는 애벌레 흉내를 내는 나비는 없기 때문이다.

나는 이 책을 쓰기 전에 『탁월함에 이르는 노트의 비밀』이라는 책을 썼다. 거기서 천재라고 불리는 데 이견이 없는 과학자들이 지닌 천재성의 이면에 숨겨진 노트를 들춰내고, 그 노트를 따라 쓴다면 누구든지 탁월해질 수 있다는 주장을 폈다.

하늘은 공평해서 누구에게나 천재성을 주지만, 대부분의 사람들은 그것을 꺼내지 않은 채 평범하게 사는 것을 미덕으로 여긴다고 생각했기 때문이다.

탁월한 사람은 남다른 사람이다. 경쟁에 승리하여 금메달을 거머쥔 자는 탁월한 사람이 아니라, 우수한 사람일 뿐이다. 탁월한 사람은 남다른 사람, 즉 남다른 길을 가는 사람이다.

일론 머스크가 탁월한 까닭은 모두가 전기로 움직이는 차는 골프장 카트 정도로만 생각하던 시절에 자동차 바닥에 배터리를 깔아서 엔진 자동차와 동일한 성능을 보여줬기 때문이다. 그가 개척한 길은 전 세계 시장을 뜨겁게 달구었다.

탁월함의 길은 일반적인 의미의 성공과는 다르기에 좁게 느껴질 수도 있다. 심지어 성공을 거뒀음에도 아무도 알아주지 않을 수도 있다. 이렇게 대세를 거부하고 나만의 작은 길을 찾으려면 용기가 필요하다. 많은 것을 포기해야 할지도 모른다.

그래서 보통은 넓고 안정적인 길을 택한다. 하지만 여기서 대세에 편승하지 말고 가슴이 부르는 곳(where the heart calls)으로 가보자. 수풀이 우거진 곳에 새롭게 길을 내고 달려 나가면 누구도 보지 못한 것들이 널려있다. 그 남다름을 우리 인생에 초대하자. 우리는 평범으로 흘러가는 관성의 법칙을 넘어서야 한다.

조용히 앉아 내면을 들여다봄으로써 자신의 참모습을 발견하는 순간, 우리는 새로운 길로 떠나게 된다. 새롭고 다채로운 풍경을 혼자만 즐기지 말고 타인에게 알려주도록 하자.

내가 찍어둔 발자국을 따라 여러 발자국이 들어설 것이고, 그곳은 오솔길부터 시작해 언젠가는 고속도로가 놓일 것이다. 사람들은 당신을 '탁월한 사람'이라 불러줄 것이다.

이 책은 바로 그 '탁월함'이란 도대체 무엇인지 묻는 질문의 답이다. 마음속 작은 악마는 항상 "탁월하지 않은 네가 탁월함을 이야기한다고?"라고 물으며 펜을 잡은 손의 힘을 풀어버리곤 했다.

나는 그 작은 악마에게 "난 탁월하지 않지만 탁월함에 대해 말할 수 있어."라고 몇 번이고 소리치곤 했다. 그리고 "난 아직 안 끝났어, 아직도 탁월해질 수 있다고."라고 속으로 되뇌었다.

돌아보면 나름대로 많은 성장을 했다. 어떤 때는 교수직도 내던지고 싶을 정도로 지친 좌절의 시간도 있었지만, 어느 순간 좌절을 딛고 성장하기도 했다. 아마 나는 좌절의 시간 내내 번데기 상태에 멈췄던 것 같다.

그래서 나는 탁월함의 결과보다는 탁월해지기 위해서 무얼 해야 하는지 말하자고 생각했다. 내가 독자에게 전하고 싶은 말은 그저 "우리는 모두 탁월함으로 나아갈 문을 갖고 태어났고, 그 문을 찾고 두드리면 열린다."라는 것이다.

우리 내면에 존재하는 탁월함으로 나가는 문을 여는 건 어렵지 않다. 바로 나다워지는 것이다. 나답지 않은 허물을 모두 벗어 던지면 그 끝자락에 진정한 나 자신이 드러나기 마련이다.

부모의 기대, 사회적 평가 등 거추장스러운 허물을 모두 벗어버리고 스스로를 찾아보자. 그러면 새로운 세계가 열리고, 시계토끼를 쫓아 동굴로 들어간 앨리스처럼 원더랜드의 주인공이 될 수 있을 것이다.

평범한 사람이 탁월해지기 위한 7가지 조건

(3부) 평범한 사람이 탁월해지기 위한 7가지 도구

1부

피로사회를 떠나 여행을 떠나자

"자 떠나자. 동해 바다로. 자 떠나자 고래 잡으러…."

80년대 유행했던 송창식의 노래 〈고래사냥〉의 가사다. 이 노래는 당시 젊은이들의 가슴을 파고들었다.

젊음의 매력은 현실을 버리고 이상을 향해 나아가는 힘이다. 밀레니얼 제트 세대, 즉 MZ세대 역시 젊음은 젊음인지라 기성세대가 도저히 이해하지 못하는 모습을 보여주고 있다.

MZ세대는 이미 기존의 틀을 깨고 나아가고 있다. 그러나 소위 잘 나가는 젊음이 있는가 하면, 반대쪽에는 N포세대라는 별명이 자리하고 있다. N포세대는 어디로 떠나야 할까? N포세대는 무엇을 잡아야 할까?

젊은 세대의 불안은 거기서 그치지 않는다. 철학자 한병철이 진단한 바와 같이 우리 모두가 살아가는 시대는 '피로사회'이자 '불안사회'다. 고도성장은 성과에 기반을 두기에 우리 모두는 성과를 내는 주체로 활동해야 한다.

사회는 성과를 내라며 개인에게 과다한 자극을 가하고, 타인들의 성과가 던지는 자극 또한 지나치게 크다. 이러한 일련의 자극들은 과도한 행동으로 이어지기 마련이다. 무한경쟁은 모두에게 피곤함을 던져준다.

무한경쟁으로 인한 피로감에 다른 시각을 던져준 것이 〈무한 도전〉이라는 TV 프로그램이다. 당시에는 무명에 가까웠던 연예인들이 대수롭지 않은 일에 도전하는 프로그램에 많은 시청자들이 열광했던 것을 기억한다.

한병철이 피로사회에서 살아나는 방법으로 아무것도 하지 않으며, 심심함을 통해 영감을 얻어내는 삶의 방식을 제시한 것과 그저 바라만 보며 영감을 얻는다는 점에서 유사하다.

우리는 불안으로 인한 공황장애의 고통을 호소하는 사람들을 자주 볼 수 있다. 불안은 불안으로 그치지 않는다. 가스가 가득한 탄산수처럼 우리 사회는 언제든지 불안이 분노로 폭발할 가능성을 갖고 있다.

일류, 아니 일류를 넘어선 초일류를 외치는 성과주의는 우리 모두를 피로와 불안으로 몰아넣었다. 우리는 이 사회에서 피로를 마시고 불안에 떨고 있다.

불안이 지어낸 분노는 이제 세대 간의 전쟁으로, 이성 간의 전쟁으로, 빈부격차로 인한 갈등으로 번져나가고 있다. 일등은 있으나, 탁월함이 없는 사회. 그 사회가 피로사회다.

우리는 어떻게 해야 행복이나 희망과의 거리가 먼 피로사회를 탈출할 수 있을까? 엑소더스, 즉 탁월함으로 나아가는 새로운 길을 통해 알아보도록 하자.

거미줄에
걸린
우리

여름날 저녁, 나뭇가지 사이를 보면 어김없이 거미줄이 있다. 날 벌레들은 거미줄에 걸려 버둥댄다. 아무리 힘을 써도 거미줄은 몸을 점점 감싸온다.

날벌레의 힘이 어느 정도 빠지면 거미줄 한가운데에서 점처럼 꼼짝하지 않고 있던 거미가 다가와 꽁지에서 거미줄을 분사하여 날벌레를 꽁꽁 싸맨다.

이제 거미는 배고프면 언제든지 와서 사냥감을 먹어치울 것이다. 거미줄에 걸린 신세는 힘이 빠진 날벌레처럼 아무것도 할 수 없다. 살기 위해선 거미줄을 찢어내고 탈출해야 한다. 몇몇 재수 좋은 날벌레는 느슨한 거미줄을 날갯짓으로 탈출한다. 거미줄 밖의 공간은 자유이자 생명이다.

내면의
가시나무

켈트 신화에는 '가시나무 새'라는 이상한 새가 한 마리 등장한다. 가시나무 새는 뾰족한 가시를 찾아다니다가 발견하면 달려드는 습성이 있다. 그렇게 가시에 찔려가며 가장 아름다운 소리로 마지막 노래를 부른다.

노래 〈가시나무 새〉는 우리 내면의 수많은 자아의 가시로 쉴 곳 없는 영혼을 노래한다. '내 속엔 내가 너무도 많아 당신이 쉴 곳이 없다'고 말하는 노래는 쉴 곳을 찾아 지쳐 날아온 어린 새들도 가시에 찔려 날아가고, 바람만 불면 외로워서 슬픈 노래를 부르던 날이 많았다고 고백한다.

너무나 많은 내 속의 나, 그 뾰족한 가시의 나는 스스로를 불안하게 만든다. 다가오는 타인들도 가시에 찔려 떠나고 결국에는 외롭고 슬퍼지는 것이다. 가시 돋친 자아는 종종 스스로를 해친다.

러시아의 대문호 레프 톨스토이는 50세 즈음에 갑자기 내면의 가시들에 찔려 자살 충동을 느꼈다. 그는 이미 명성과 부를 얻었지만 인생의 의미를 상실했다.

주변에서 뾰족한 물건들을 모두 치워야 했을 정도로 위험한 정신 상태를 유지하던 그는 지성이 행복과 삶의 기반을 보장하지 않는다는 것을 깨달았다.

깨달음은 톨스토이의 농노들이 가난하고 고된 삶을 살고 있지만, 행복해 보였다는 사실에서 출발했다. 그들은 주변에 대해서 별 관심도 없고, 저녁에 모여 감자를 먹으며 웃었다. 누군가 병으로 죽으면 하루 정도는 통곡했지만, 금세 일상을 되찾고 굴러가는 나뭇잎을 보고도 흰 이를 드러내며 웃었다.

예전이라면 저렇게 생각 없는 웃음이 무슨 가치가 있냐고 실소했겠지만, 삶의 의욕을 잃은 상황에서는 그들의 건강한 행복을 다시 보게 되었다.

톨스토이는 자신을 고통스럽게 찔러대는 내면의 가시들이 그들에게는 없다는 것을 깨달았다. 그는 자신 내면의 가시들을 떨어내는 작업을 시작했다. 자기 내면을, 그가 저질렀던 죄악들을 들여다보았다.

그는 크림전쟁에 참전해서 많은 사람을 죽여봤던지라, 내면에 도사리고 있는 악의 실체를 잘 알고 있었다. 긴 성찰 끝에 그는 내면의 가시들을 떨어낼 수 있었다. 이때 그 마음의 변화를 기록한 책이 『고백록』이다.

톨스토이는 내면의 가시들이 만들어 놓은 촘촘한 그물에 걸려 꼼짝 못했지만, 간신히 자신의 실체를 들여다보고 탈출한 행운아였다. 만일 그가 깨달음을 얻지 못하고 자살했다면, 우리에게는 이후에 탄생한 대작을 읽어 볼 기회가 없었을 것이다.

우리는 저마다의 거미줄에 걸려 있다. 열등감이라는 거미줄, 부모로부터 인정받지 못했다는 거미줄, 사랑받지 못했다는 결핍이 던져주는 거미줄, 가장 가혹한 저주를 퍼붓는 거미줄은 모두 자기 자신이 뿜어낸 것이다.

자아를 들여다보는 수많은 명상 프로그램이 유행하는 이유도 여기 있다. 개인주의가 발달한 서구에서는 자아 과잉의 거미줄을 제거하는 일이 특히 중요해진다.

외면의 예고

사람들은 사회생활을 하며 상대방과 명함을 주고받는다. 명함에는 자신의 직함이 적히기 때문에 직함 한 줄이라도 더 넣고자 동분서주하는 사람들이 많다. 그러다 보면 결국 명함에서 뿜어져 나온 거미줄에 걸리고 만다.

연말에는 신문마다 인사발령 소식이 보도된다. 영전을 한 사람들의 이름이 나오고, 축하의 화환이 쏟아져 들어온다. 흥겨운 사회 현상이다. 그러나 이면에는 방금 그 자리를 내주고 떠난 사람들의 쓸쓸한 그림자도 있다.

자리를 얻는 기쁨과 잃는 상실감의 무게가 같으면 플러스 마이너스 제로가 되는 중용의 인생이겠지만, 상실감을 더 크게 느끼는 사람들이 많다. 상실에 대한 불안이 늘 목을 옥죈다. 명함으로 상징되는 자리의 거미줄이다.

가장 큰 문제는 자기 자신을 직책과 동일시하는 것이다. 이 경우 자기 내면의 거미줄은 거의 없지만 외면의 자아라는 에고(ego)가 거미줄에 걸려든 신세다.

내면의 자아는 톨스토이처럼 자신을 직시하거나, 상담사를 찾아가거나, 명상하거나, 종교적 깊이로 들어가면 탈출할 가능성이 있지만, 외면적 자아 과잉에는 약이 없다.

사회적 직책에는 권한 외에도 책임이 주어지기에, 그 자체로 한 사람을 단단히 붙들어 맨다. 중요한 결정을 내려야 하고, 그에 따른 결과에 책임지는 것은 여간 골칫거리가 아니다.

사회적으로 알아주는 위치의 직책을 적은 명함은 그 자체로 이 사람을 설명한다. 그는 자기 자신을 따로 설명할 필요가 없고, 사람들은 대충 직책에 맞게 상상한다.

"이 사람은 분명 이런 자리에 오를 정도로 좋은 대학을 나왔을 것이고, 학교 성적은 좋았을 것이고, 부모가 부자여서 유복한 생활을 했을 것이고, 부인도 자상하고, 자식들도 다 성공했을 거야."라는 추측을 하게 만든다.

명함에 그럴듯한 직책을 아로새기지 못한 사람은 언제나 자기 자신이 어떤 사람인지를 설명하고 입증하기 위해 동분서주해야 한다. 설명해도 무시당하기 십상이고, 잘해도 의심 받고 평가절하 당하는 일이 허다하여 서럽기 그지없다.

그러니 사회적 지위를 얻기 위한 치열한 노력은 누가 시켜서 하는 게 아니다. 에고의 거미줄이 온 몸을 칭칭 감았기에 어쩔 수 없이 달려가는 것이다. 인정받아야 한다는 강박은 종종 경쟁자를 모함하거나 뇌물을 주는 무리수까지 두게 한다.

여기서 사회적 역학 관계의 달인들이 등장하기도 한다. 소위 조직에서 '정치한다'는 말로 표현되는 사람들이다. 그들은 권력을 얻고, 그 힘을 사용하여 사람들을 마음대로 움직이는 일을 즐긴다. 사내 정치의 대가들이 탄생하는 것이다.

우리는 기만자와 진실된 리더를 구분 못 하기도 한다. 수많은 리더십 책들은 사내 정치에만 몰두하는 간신이 되지 말고 좋은 멘토가 되어야 한다고 외치지만, 그것은 책 속의 고담준론에 불과하다. 실생활에서는 비정한 조정자들이 득세하는 경우가 허다하다.

우리는 촘촘하고 끈적한 에고의 거미줄에서 벗어날 수 없다. 최정상의 위치에 서도 마찬가지다. 모든 거미줄의 정점에 서서 꼼짝 못 하는 채로 리더는 고독한 자리라는 위로의 독백을 되뇔 뿐이다.

소셜 네트워크라는
가면 무도회

　내향적인 학생 마크 저커버그는 페이스북을 만들었다. 일상을 타임라인에 기록하고, 팔로워들이 '좋아요'를 누르는 간단한 네트워크는 한순간에 널리 퍼져 거대한 기업으로 성장했다.

　우리는 소셜 네트워크에서 친구들의 일상을 실시간으로 들여다보는 시대를 살고 있다. 당연히 자신의 일상도 어느 정도 공개해야 한다. 특별한 날, 특별한 만남을 휴대폰 사진으로 올리면 팔로워들에게 '좋아요'를 받는다.

　소셜 네트워크를 보면 모두들 어찌나 행복하고 호화롭게 사는지 부럽기 짝이 없다. 값비싼 명품을 사서 턱 올려놓은 게시글에는 '부럽다.' '하나 갖고 싶다.' '이것보다 더 좋은 저것을 추천한다.' 등 여러 반응이 쏟아진다.

　추천을 듣고 얼마 안 지나 그 비싼 것을 구매해서 턱하니 올려놓으면, 팔로워들은 그 재력에 입을 다물지 못한다. 과연 명품뿐이랴. 매일 먹는 음식을 올리는 것은 기본이다. 어쩌다 레스토랑에 가면 나오는 음식을 사진에 담느라 여념이 없다.

　소셜 네트워크에 즉석으로 올리는 음식 사진은 특별한 음식을 먹는 이 순간을 팔로워들과 나눈다. 음식 사진은 우리의 침샘만을 자극하는 것이 아니다. 타인이 값비싼 음식을 과시하는 사진은 상대적 빈곤감마저 자극한다.

나는 몇 년째 토요일마다 책방 나들이를 하고 있다. 이때 하나의 루틴으로 항상 책방 앞에 위치한 '좋은 날 분식'이라는 분식집에서 라면을 먹는다. 거대한 계란이 떠있는 라면 사진을 올리면 '좋아요' 와 댓글이 많이 달린다.

물론 '라면을 많이 드시면 건강에 안 좋아요.' 하는 걱정 어린 댓글도 있지만, 간소한 식사도 파인 다이닝 못지않게 반응이 좋다. 요새의 소셜 네트워크는 과시의 공간으로 전락했지만, 어쩌다 올린 소박한 글에 많은 사람이 공감하면 위로받는다.

반대로 어떤 글은 심혈을 기울여 썼는데 반응이 신통치 않다. 그러면 반응이 좋은 쪽으로 나가야 한다는 강박관념이 생긴다. 어떤 모임이 좋아 보여서 친구를 만들었는데, 내가 올리는 글에는 눈길도 안 주고 일방적으로 팔로우 하는 모습을 발견했을 때는 기분이 안 좋아진다.

종종 셀럽들과 친구가 되어 기분이 좋아진다. 셀럽들은 사진 세례를 퍼붓거나, 주장이 강한 글을 정기적으로 올려서 기가 팍 죽을 지경이다. 그래도 내 타임라인을 치장해주는 고마운 존재이므로 찝찝한 기분을 담아둔 채 친구 사이를 유지해야 한다.

항상 '좋아요'와 댓글을 달아주는 친구에게 고마운 마음이 생기지만 오프라인에서 만나보려는 생각은 주저하게 된다. 페이스북에 보여준 모습과 진짜 모습에 차이가 있기 때문이다. 그냥 서로 보여주고 싶은 모습만 보여주는 사이를 유지하고 싶다.

사람들은 실체보다는 만들어진 이미지를 보기 원한다. 실제로는 매일 다양한 모습을 보이겠지만, 소셜 네트워크에서만큼은 변함없는 사람이어야 한다.

가끔 정말 진실한 내면이나 실제 상황을 공개하는 사람들을 보게 된다. 그러면 의외로 팔로잉이 줄어든다. 모두 '사실 나도 그렇거든. 하지만 난 안 보여줘.' 이런 심정일지도 모른다.

때로는 매일 행복에 겨워하던 사람이 잠시 계정을 쉰다고 말하기도 한다. 그는 이제 이 가면 무도회를 떠나 일상생활로 돌아갈 수밖에 없는 상황이 된 것이다.

소셜 네트워크에는 눈길을 잡아끄는 뉴스가 가득하다. 그래서 시간을 많이 빼앗기지만 이미 소셜 네트워크 중독자가 되어 쉽게 끊을 수 없다. 이 정도면 지독히 끈끈한 거미줄이다.

소셜 네트워크는 이런저런 덕성을 갖고 있기에 이를 비판하는 사람들마저 중독시킨다. 달콤한 설탕을 묻힌 거미줄이라고나 할까? 그 달콤함에 취해 우리의 몸은 모르는 새에 거미줄에 칭칭 감기고 있다.

우리는 이곳에 각기 자신의 삶을 공유한다. 그 삶은 우리의 평균적인 삶이다. '좋아요'와 '놀라워요'를 눌러보지만, 결국 평범이라는 테두리에 담겨있다.

우리는 소셜 네트워크가 던져주는 평범이라는 그물, 그 거미줄에서 결코 도망칠 수 없다. 이 평범을 깨려면 소셜 네트워크를 탈출해야만 한다.

그러면 우리는 거미줄 밖에서 아무도 알아주지 않는 일을 하거나 '좋아요'와 댓글 수에 집착하면서 스스로를 점검하는 쓸데없는 일에서 벗어날 수 있다.

그런데도 우리는 또 소셜 네트워크의 거미줄에 몸을 던진다. 잘못인지 알면서도 빠져나오지 못하는 사이비 종교의 신도처럼, 이미 만들어진 거미줄을 빠져나오기가 쉽지 않다.

거미줄
너머로
도약하라

　우리를 칭칭 감싸고 있는 그물, 그 끈끈하고 질긴 거미줄은 우리 모두에게 평범한 인생을 살아갈 것을 강요한다. 여기서 줄을 풀려고 하면 저쪽에서 줄이 옥죄어온다. 도저히 탈출할 수 없는 그물이 평범한 삶을 강요한다.

　우리는 먹고 살기 위해서는 어쩔 수 없다는 말을 온종일 내뱉는다. 죽지 못해 산다는 말을 하기도 한다. 거미줄을 잘라내고 탈출할 수만 있다면 밖에는 어떤 세계가 기다리고 있을까?

그물 밖
자유로운 새

탁월함의 '탁(卓)'은 '높다, 빼어나다'는 뜻을 갖는다. 높다는 뜻을 갖는 다른 한자에는 '숭(崇)'이라는 글자가 있다. 나는 숭 자에 비해 탁 자가 탁월함을 잘 드러낸다고 생각한다.

이유는 탁 자의 갑골문을 살펴보면 알 수 있다. 탁 자는 새가 새 그물 위에 나는 모습이다. 사람이 쳐놓은 새 그물보다 훨씬 높게 나는 새는 높을 뿐만 아니라 자유롭다. 자유로울 뿐만 아니라 안전하다. 바로 그런 높이를 탁(卓)이라 한다.

탁 자에는 정말 매력적인 뜻이 있다. 바로 우리가 인식한 평범이란 그물에 걸려들지 않은 정도의 높은 곳이라는 의미다. 이는 어떤 그물로도 잡을 수 없는 경지, 또는 그물에 걸렸어도 이를 찢고 탈출할 수 있음을 뜻한다.

탁월함은 시대에 따라 다른 말로 등장한다. 지고한 이데아를 추구하던 시절, 아리스토텔레스는 스승과 달리 현실을 바라보았다. 그는 탁월함을 현실에서 이룰 수 있는 어떤 가치나 상태로 설명하고자 했다.

그의 설명은 '아레테(ARETE)'라는 단어로 요약할 수 있다. 요즘 사람들은 이 단어를 '어떤 존재의 본질이 드러남' 혹은 '자기다움'이라는 말로 표현한다.

그리스 로마 사람들은 이것을 덕이라고 불렀는데, 그 덕은 '비르투스(VIRTUS)'라는 단어로 오늘날 전해진다. 이것은 '남자다움'을 말한다. 당시의 덕은 남자가 가족과 조국을 위해 목숨 바쳐 싸우는 것을 말했다.

자고로 남자는 그래야 한다는 것이 당시의 통념이었고, 많은 덕목 중에 남자다움을 최고로 쳤기에 비르투스는 현실에서 가장 널리 받아들여진 아레테였다.

아리스토텔레스는 탁월함을 고민하면서 사람들을 평범으로 빠지게 하는 것을 찾아내려 했다. 이는 바로 앞서 말한 그물, 즉 거미줄이다. 이것을 그리스어로 '레테(RETE)'라고 한다.

아리스토텔레스는 그물이 없는 상태가 탁월하다고 생각했다. 그래서 '없다'를 나타내는 접두사 'A'를 '그물'을 뜻하는 레테(RETE)에 붙여 '아레테(ARETE)'라고 표현한 것이다.

기독교 교리를 세운 사도 바울은 탁월함에 대해 정확한 인식이 있었다. 그는 "나의 나 됨은 하나님의 은혜다."라는 말을 남겼다. 그의 원래 이름은 '큰 자'라는 뜻의 사울이었다.

그는 유대인이자 로마 시민권자였다. 거기에 당대 최고의 지성인 가말리엘의 제자였기에 그의 학식과 언변은 출중했다. 더욱이 그는 가장 종교적인 바리새파의 핵심이었다.

그는 어느 날 예수를 따르는 집단의 지도자 한 사람을 처형하는 자리에 섰다. 스테판이라는 집사가 예수를 증명하려고 하자 사람들은 그를 돌로 쳐서 죽였다.

사울은 이후에도 예수를 믿는 자들을 잡아 죽이는 일에 골몰했다. 그러나 그는 어느 날 환상처럼 예수를 보게 되고, 자신을 사로잡았던 모든 그물에서 벗어난다.

그는 사울이란 이름 대신 '작은 자'라는 바울로 개명한다. 사울에서 바울로의 변화는 그물에 갇힌 새가 공중으로 날아오르는 순간과 같았다.

바울은 유대인, 학자, 바리새파의 그물에서 벗어났고, 홀가분한 상태가 '나다운 나'라고 부르짖었다. 이게 바로 탁월함이 아니고 무엇이란 말인가?

운명의 그물에서
벗어나자

시시포스는 언덕 위로 돌을 굴려 올려야 하는 벌을 받았다. 그의 운명은 반복되는 고통의 노동이다. 끊임없는 고통을 견디며 신의 징벌에 대항하는 이야기가 전해지는 까닭은 우리 인생에도 이 같은 운명적 사건들이 몰려오기 때문이다.

그리스 사람들은 여기서 쓰러지지 않고 과감히 운명에 맞서 싸워 이기는 인간을 두고 영웅이라고 칭했다. 그중 한 사람이 오디세우스다.

그는 의리를 지키려 전쟁에 참전했다가 돌아오는 길에 수많은 운명의 장난을 겪는다. 그러나 그는 최선을 다해 싸웠고, 마침내 귀항에 성공한다.

그의 이야기는 우리가 사랑하는 서사의 전형을 보여준다. 어떤 이유로 고향을 떠나게 되고, 이러저런 고난을 겪지만, 마지막에는 이를 극복하는 구조다. 널리 읽힌 파울로 코엘료의 『연금술사』라는 책도 이 서사 구조를 그대로 따른 이야기다.

독일 실존주의 철학자 마르틴 하이데거는 우리는 이 세상에 던져진 존재라고 말했다. '현재 존재하는 나' 즉 '현 존재'는 불가사의한 이유로 이 세계에 던져졌기에 우리는 모두 죽음을 향해 가는 개별적인 존재라는 것이다.

그는 실존을 설명할 때 이해할 수 없는 외부 변수를 '던져짐'으로 이해했다. 그렇기에 던져진 존재에서 현재에 이르는 과정이 피동적으로 흘러갈 수도 있지만, 던져짐을 극복하는 엄청난 노력을 할 수도 있다.

우리는 이것을 '팔자소관(八字所關)'이라 부른다. 운명이라는 그물에 던져진 존재는 그 운명의 그물 밖으로 이탈할 때 비로소 참된 존재로 설 것이다.

오늘도 수많은 사람이 가난한 부모 밑에서 태어난다. 남들이 다 하는 공부를 못하기도 하고, 어린 나이에 가장의 책임을 떠맡기도 한다. 국민소득이 늘어도 운명에 던져지는 존재는 무수히 많다.

가난하다는 비참함을 어느 정도 분담하는 사회보장이 있지만, 이들을 운명의 그물에서 건져내지는 못한다. 그러나 절대적인 악조건을 딛고 일어나 그물 밖으로 나오는 탁월한 사람들이 있다.

오늘날은 의무교육이 발달했지만, 초기 미국인들은 의무교육의 혜택을 거의 못 보았기에 독학으로 자수성가한 자들이 많다. 이들 중에는 15세가 될 때까지 알파벳도 몰랐던 사람마저 있다.

엄청난 학구열을 발휘한 그들은 토마스 제퍼슨처럼 건국의 아버지가 되기도 했고, 에이브러햄 링컨처럼 노예를 해방시킨 대통령이 되기도 했다. 이들은 던져진 운명의 그물을 단호히 거부하며 마음이 이끄는 대로(calling of your heart) 날아올랐다.

위기에 강한
무궁화 민족

6·25 전쟁으로 폐허가 되었던 대한민국이 오늘날 보여주는 모습은 경이롭다. 세계 최초로 원조를 받던 나라에서 원조를 하는 나라로 변신한 사례이게 때문이다.

1960년대 우리나라의 1인당 GDP는 168달러였는데, 2018년엔 3만 달러를 넘어섰다. 위기를 넘어서는 희한한 DNA가 우리 민족에게 장착되어 있는 것이 분명하다.

이데올로기를 놓고 미국과 소련이 벌인 냉전의 결과로 벌어진 6·25 전쟁은 우리의 기반을 무너뜨렸다. 전쟁의 폐허를 딛고 기적처럼 이뤄낸 급격한 성장은 빛나는 외형을 만들었지만, 동시에 외면할 수 없는 사회적 그늘도 만들었다.

하지만 위기의 그물에서 탈출하여 새로운 기회를 열어가는 우리 민족의 힘이 놀랍다는 데는 이견이 없다. 비록 재벌 기업의 탄생에 정경유착이 얽혀 있지만, 부족한 재원과 한계를 뚫고 나가는 탁월한 조직은 성장의 핵심이었다.

우리는 70년대 석유파동의 위기를 기억하고 있다. 불과 몇 달치의 석유밖에 없던 절체절명의 위기 앞에서 오일머니를 벌기 위해 사막의 모래바람을 맞으며 수로를 놓는 공사를 했다.

바람이 불면 매일 지형이 바뀌는 곳에서 수로의 경사를 맞추는 것은 어려웠지만, 고무호스관을 연결하고 그 높이를 재며 경사를 맞추는 기술을 이용하여 수로를 완성할 수 있었다.

인공부두를 만들기 위해 우리나라에서 철근 구조를 만들고, 현장에서 조립하는 특이한 공법으로 유럽의 선진국들이 하지 못하는 공사를 성공시키기도 했다.

에너지원을 다변화하기 위해 도입된 원자력발전소의 기술을 따라잡은 것 역시 위기 극복의 사례다. 미국 쓰리마일 원전 사고로 원자력 시장이 얼어붙자, 원전을 도입하면서 설계기술까지 달라는 요구에 그들이 응했다.

설계기술을 전수해도 응용하지 못하리라는 미국의 착각과 기술을 얻지 못하면 귀국하지 않겠다는 결의에 찬 우리 과학자들이 있었기에 원자력발전소 설계 부문에서 자립할 수 있었다.

포니 몇 대로 시작한 한국의 자동차가 전 세계 자동차 시장을 지배하고, 쌀가게에서 시작한 한국의 반도체가 만든 기적을 살펴보면, 한국인은 기적의 DNA를 갖고 있음이 분명하다.

어른이
된다는 것

종종 부모의 관심 밖이라 좋았다는 말을 하는 사람을 만난다. 온갖 시행착오의 희생양이 되는 맏이와 다르게 막내라서 하고 싶은 것을 마음껏 할 수 있었고, 덕분에 성공했다는 것이다.

부모의 과도한 기대는 자녀를 병들게 한다. 흔히들 말하는 '자식을 잡는다'는 말이 거기서 나온다. '자식 이기는 부모 없다'는 말은 자식을 잡지 못한 부모들이나 하는 말이다.

부모와 자식은 더할 나위 없이 가까운 사이지만, 간혹 이 관계는 지옥으로 돌변한다. 그래서 부모자식의 연은 가장 질기고 지독한 그물이라고 할 수 있다.

아이가 태어나 처음 뒤집고 일어서는 일은 중요하다. 직립보행을 하며 아장아장 걷는 아이를 보며, 아기새가 처음 날갯짓하는 모습을 보는 어미새의 심정을 느낀다. 그러나 조금 지나면 미운 짓이 시작된다.

부모의 눈에 밉지만 본인에겐 중요한 의사표현이다. 미운 짓의 정점인 사춘기를 보내는 방식은 사람마다 다르다. 엄한 부모를 둔 자녀는 소심한 반항을 했을 것이고, 스스로도 감당이 안 되는 일탈을 하는 자녀도 있을 것이다.

사춘기의 반항은 결국 한 명의 인간으로서 홀로 서려는 아슬아슬한 몸부림이다. 정신의 직립보행을 시작하는 시간이다. 불안하지만 자기 자신으로 일어서기 위한 몸부림이다. 우리는 이 탁월함을 향한 몸부림에 박수를 보내야만 한다.

부모의 품을 떠나서 자신의 운명적 환경을 벗어버리는 일은 그물을 벗어나는 아레테의 행위다. 싯다르타는 29세의 나이에 출가했고, 예수는 30세의 나이에 공생애를 시작했다. 떠난다는 행위는 이들을 인류의 스승이자 영혼의 구원자로 만들었다.

학력도 없는 제본공이었던 마이클 패러데이는 20세가 되던 해에 우연히 얻은 티켓으로 강연을 들은 후, 인생을 바꿀 결심을 한다. 그는 강연자인 험프리 데이비 교수에게 자신을 조수로 받아달라고 간청했다.

이후 그는 다시는 제본공으로 돌아가지 않겠다고 결심하고 과학자의 길로 뛰어들었다. 결과적으로 그는 무학력자임에도 위대한 영국 왕립학술원의 회원이 되었다.

벤자민 프랭클린도 친형으로부터 폭행을 당하고 20세의 나이에 집을 나왔다. 필라델피아로 간 프랭클린은 신문사를 차린 다음, 피나는 노력으로 문장력을 얻고 언행을 뜯어 고쳤다. 완전히 다른 사람이 된 그는 미국 건국의 아버지 중 한 사람이 되었다.

고생을 사서 하는 젊은이들이 있다. 내가 가르치는 학생 하나는 부모의 도움을 받지 않고 살겠다고 결심하고 이를 실천한다. 그는 양배추 한 통을 사서 일정한 크기로 잘라 닭가슴살과 함께 먹는 것으로 식사를 해결한다.

최소한의 식비를 쓰면서도 나름 균형 잡힌 식단을 유지하는 것이다. 그는 자신의 고행이 부모로부터의 자유를 얻기 위한 대가라고 한다. 자식은 부모의 품에서 떠나야 성장한다.

부모를 떠난다고 모두 탕자가 되는 것은 아니다. 제주도에서는 부모자식이 한 집에 살아도 끼니를 따로 챙긴다. 섬 특성상 식량이 부족한 경우가 많은데, 자신의 식구는 자기가 돌보는 독립적 생활로 생존력을 높였다.

최근에는 유산 안 물려주기 운동에 동참하는 부모도 많이 생겼다. 그들의 자식들은 더욱 전투적으로 살아야 할 것이다. 어쩌면 유산보다 더 큰 것을 물려주는 셈인지도 모른다.

부모 덕분에 누리는 것을 자신이 이뤘다고 착각하는 건 금물이다. 그건 성취한 게 아니라 부모의 재산을 소비하는 행위에 불과하다. 자신이 직접 이룬 것만을 자기 소유로 인정해야 온전한 자기 자신을 세울 수 있다.

어른이 되는 것은 부모로부터 독립하는 것이다. 어른은 시간이 흐르면서 자연히 얻는 지위가 아니라 부모를 떠나 홀로선 것, 즉 탁월한 인간이다.

차라리
거미가 되라

젊은 나이에 엄청난 액수의 빚을 지게 된 오노레 드 발자크는 채권자의 방문을 피하기 위해 저녁부터 잠을 자서 집에 아무도 없는 것처럼 꾸몄다.

그는 밤 12시가 되면 깨어나 깃펜을 여러 개 준비하고 하나 둘 마모되는 것을 세어가며 글을 썼다. 소셜 네트워크가 없는 시대였기에 그는 저녁 무렵에 카페에 가서 두 시간 정도 사람들이 사는 모습을 지켜봤고, 그것은 소설 쓰기에 활력과 영감을 주었다.

만일 발자크가 현대에 살았다면 이처럼 많은 양의 소설을 쓸 수 있었을까? 인터넷이 나온 이후, 집필 중 인터넷 금지를 선언한 소설가들이 많다. 이들은 컴퓨터를 켜는 순간 인터넷에 빠지는 자신의 습성을 제어하기 위한 단호한 결심을 세운 사람들이다.

물론 소셜 네트워크를 적극적으로 활용하는 작가도 있다. 이건 자신의 작품을 설명하는 방편으로 삼는 경우다. 그리고 자기 삶의 일부를 드러내며 홍보한다.

어떤 작가는 규칙적인 글쓰기의 방편으로 소셜 네트워크를 활용한다. 매일 일정 분량의 글을 쓰고 그것을 게시하는 방식이다. 이 경우 소셜 네트워크는 그의 작업장이 된다.

그는 독자의 반응을 그다지 신경 쓰지 않는다. 독자들도 작업에 몰두하는 작가를 방해하지 않는다. 고독을 견딜 힘을 주는 소셜 네트워크는 발자크가 저녁에 잠시 들르는 카페나 마찬가지다.

소셜 네트워크의 그물에 걸려 허우적거리지 않으려면 대단한 용기와 결단이 필요하다. 적어도 거미줄에 걸린 날벌레가 되어 난처한 중독 증세를 보여서는 안 된다.

차라리 거미줄을 치는 거미가 되는 것이 좋다. 이런 경우 블로그의 주인장이 되어, 글을 쓰며 방문자의 피드백을 지켜보는 사람이 되도록 하자.

유튜브는 더욱 눈길을 사로잡는다. 인공지능은 한번 본 영상의 종류를 분류하여 그 주제의 다른 영상들을 추천한다. 이를 계속 보면 극단적인 생각의 늪에 빠져든다.

어떤 사람은 정치적인 색채의 영상을 계속 보다가 특정 정파의 열렬한 지지자로 돌변한다. 트로트 가수에 흠뻑 빠진 60대 아주머

니들도 심심치 않게 볼 수 있다.

무료한 인생을 즐거움으로 채우는 것을 뭐라 할 수는 없지만, 열광하는 관중이 된다는 것은 소셜 네트워크가 던지는 그물에 자진해서 걸려드는 꼴이다.

유튜브 역시 관중 말고 창작자의 위치에 서는 것이 그물을 빠져나오는 길이다. 은퇴한 교수 중에는 유튜브 방송을 시작하면서 자신의 독창적인 세계를 만들어가는 사람들도 많다.

사람들이 자신의 영상을 얼마나 시청했는지 연연하지 않는 것도 중요하다. 조회수를 살피기 시작하면 거미줄의 거미가 아니라, 거미처럼 생긴 날벌레가 될 뿐이다. 자신이 친 거미줄에 걸려 어쩔 줄 모르는 상태에 불과하다.

조회수에 목을 매며 점점 자극적인 제목을 뽑는 모습을 보고 있자면 안타깝다. 조회수를 늘리려면 자극적이어야 한다. 그런 면에서 유튜버들이 점점 건강함을 잃어간다는 생각을 지울 수 없다.

손흥민의 축구가 재미있어 영상을 좀 시청했더니 AI가 관련 콘텐츠를 추천하기에 제목을 대충 훑어봤다. '손흥민이 곧 계약을 파기하고 다른 팀으로 이적한다.' '회장과 불화가 생겼다.' 등등 온갖 이야기가 등장하는데, 상당수가 추측성 오보에 불과하다.

일단 자극적인 내용으로 관심을 끌어보자는 것이 대부분인데, 정치나 사회 문제에 관한 가짜뉴스 문제가 정말 심각해지고 있다. 이런 콘텐츠를 집중적으로 보면 확증편향이 생기고 결국에는 과격한 행동으로 나타나기도 한다.

뇌가 분주하여 불면증을 앓는 현대인은 소셜 네트워크가 만든 거미줄에 칭칭 감겨 탄생한다. 우리는 이제 이 거미줄에서 과감히 탈출해야 한다.

그러려면 쓸데없는 치장을 던져버리고 고유한 자기 자신을 드러내야 한다. 타인이 쳐놓은 그물을 기웃거리다 걸려들어서 평범으로 떨어지지 않으려면 자신이 먼저 세계로 도약해야 한다.

유행을
거슬러라

사람은 동시대인들이 공유하는 가치나 행동 양식을 떨쳐내기 어렵다. 공통된 행동 양식은 문화의 형태로 생활 곳곳에 스며들기 때문이다. 마치 물과 물고기의 관계 같아서 문화 밖으로 나오면 금세 말라 죽을 것 같은 위험을 느끼게 된다.

문화를 누리고 소비하는 것은 대중이다. 실리콘밸리에서 탄생한 히피 문화를 누린 사람들이 많지만 정작 그 문화를 만들어낸 히피의 숫자는 그리 많지 않다.

그들은 사상과 음악, 그리고 행동 양식을 만들었다. 그들이 만든 노래를 따라 부르고 그들이 먹고 자는 방식을 따라 하는 수많은 사람은 평범한 대중이다.

그러나 히피 정신을 중심에 둔 엔지니어들은 거대한 정보력을 갖춘 기관들과 맞서는 개인을 생각했고, 그 결과, 단 하나의 칩으로 구동되는 개인용 컴퓨터를 만들었다.

그들이 외쳤던 구호 "Why not change the world?"는 개인용 컴퓨터의 발명으로 이뤄졌다. 엔지니어들은 막대한 부를 거머쥐고도 청바지를 입은 채 옛 히피의 기개를 이어가고 있다.

시대와 거리를 두는 것은 시대가 쳐놓은 평범의 그물에서 벗어나려는 노력이다. 그것은 민감한 인지와 비판 정신에서 기인한다. 자신을 지키려는 의지가 있어야 가능하다. 시대가 던진 그물의 실오라기가 붙은 몸으로 자신의 본질을 망각하면 안 된다.

시대에 동의하지 않는 사람들이 새로운 시대를 만든다. 그것은 기본적으로 살아가는 시대에 대한 절망을 품어야 가능하다. 절망해야 떠날 수 있기 때문이다. 열렬한 옹호자가 되기보다는 냉철한 비판자가 되어야 한다.

과학기술 만능 시대에 우리는 과학자들의 이야기를 경청한다. 과학자들은 어쩌면 이 시대에서 신기한 이야기를 들려주는 마지막 사람들일 것이다.

어떤 이는 과학자들을 이 시대의 샤먼이라 하기도 한다. 우리는 그들이 들려주는 새로운 가능성을 통해 다채로운 미래를 상상한다.

그러나 가만 생각하면 우리의 상상은 과학적 엄밀성을 이길 수 없기에 금방 좌절한다. 과학적 발견 역시 시대가 쳐놓은 또 하나의 그물이다.

우리는 과거 낭만주의 시대 사람들처럼 살아야 한다. 과학을 바라보며 프랑켄슈타인을 고안해낸 메리 셸리처럼 인문학적 비판을 해야 한다. 비판적 사고는 그물에 빠지지 않게 막아주는 날개다.

제품 디자이너들은 유저 경험을 중시한다. 이들이 중시하는 유저는 누구인가? 이 시대를 살아가는 대중이다. 그들이 분석한 유저의 경험은 제품에 녹아든다.

탄생한 제품에는 많은 사람의 행동 양식이 깃든다. 제품을 구매하는 순간 우리는 평범한 대중의 취향을 손에 쥐는 것이다. 제품에 붙어 들어오는 거대한 거미줄을 인지해야 한다.

시장에서 사람들은 새로운 상품에 열광하고 몰려든다. 그리고 얼마 안 가 새로운 제품이 등장해 기존의 제품은 내팽겨쳐진다. 제품은 유행을 만들고 유행은 제품을 누리다가 버린다.

명품 브랜드에 얽힌 거미줄도 그렇게 우리를 옥죈다. 명품은 또 다른 평범의 상징이다. 돈이 있으면 언제든지 살 수 있는 상품에 불과하다. 이것은 타인에게 자신을 드러내는 코드이자 부를 과시하는 방식이다.

사람들은 대체로 명품에 붙어 있는 부의 상징을 인정하고 부러움을 느끼기에 명품은 이것으로 존재 이유를 갖는다. 그러나 내면이 단단한 사람, 명품으로 치장할 이유가 없는 사람에게 명품은 수많은 제품 중 하나에 불과하다. 명품으로 자신을 정의하거나 설명할 이유가 없기 때문이다.

자기 자신이 명품인 사람에게 무엇이 더 필요하랴. 〈유니타스 브랜드〉의 권민 대표도 '자기브랜드'라는 개념을 주장한다. 그는 사람마다 고유한 브랜드가 되는 것을 권한다.

자기다움, 즉 아레테의 탁월함을 갖춘 사람은 그 자체로 유통되기 마련이다. 그것은 제품에 붙어있는 거미줄에 포획되는 것이 아니라 스스로 거미가 되는 완전한 방식이다.

여기서 가장 중요한 것은 고유성이다. 이 세상 사람은 모두 다르다. 다른 환경에 태어나 살아온 여정이 다르다. 그런데 어찌 이들이 유저라는 말 한 마디로 평균화 될 수 있다는 말인가?

그런 면에서 유저로 남는 사람은 루저다. 스스로 제품이 되어야 한다. 스스로 명품이 되어야 한다. 다른 제품이 전혀 들어서지 않은 천연의 제품이 되어야 한다. 이것이 바로 아레테다.

소소함의
함정

지금은 작은 것을 칭송하는 시대다. 작은 것은 신비롭고 다재다능하다. 나노 과학은 나노 입자를 바르면 우리가 만지는 평면보다 훨씬 넓은 면적을 만들 수 있음을 보여준다. 반도체는 나노 공정을 자랑한다.

그러나 이 작음이 던져주는 그물도 진지하게 생각해 볼일이다. 종종 소소하고 확실한 행복, '소확행'에 대한 이야기가 들려온다. 소확행은 가성비 측면에서 가장 효율적이다.

가성비 높은 소확행은 빈도 높은 행복을 던져줄 것이다. 시작이 어렵지 않고, 확실하게 기쁨을 얻는 행동이기 때문에 결과적으로 만족감이 높다.

만족감이 행복으로 연결된다. 그러니 소확행의 빈도를 높이면 소소한 행복이 넘치는 시간을 늘릴 수 있어 행복하다고 외치게 될지도 모른다. 그러나 소소함의 끝판왕은 돈이나 시간을 일절 들이지 않는 것이다.

유혹이나 흔들림 없는 행동이 지어내는 행복은 신의 경지에 이른 행복이다. 이것을 고대 유물론 철학자인 데모크리토스가 말한 '아타락시아(ataraxia)'라고 할 수 있다. 아타락시아는 신의 경지에 이르는 행복을 뜻한다.

데모크리토스는 사물의 본질이 더 이상 쪼갤 수 없는 원자와 이를 둘러싼 진공이라 했다. 우리의 몸은 원자와 진공으로 만들어진 형상이다. 그는 자신의 생각도 이런 물질에서 만들어진 조화에 불과하다고 봤다.

인생을 성찰하면서 물질 덩어리인 사람이 어떻게 하면 잘 사는 것일까 질문했고, 그것은 물질이 흔들림 없이 질서를 유지하는 것처럼 성가신 일 없이 사는 것이라고 생각했다.

성가신 것, 즉 '트러블(trouble)'은 그리스어로 '타라소(ταράσσω)'인데, 여기에 '없다'라는 접두어 'A'를 붙여 '아타락시아(ataraxia)'라 불렀다. 불편함이나 고통이 없는 상태인 평정심이야말로 소확행의 궁극적인 상태다.

그러나 요즘 소확행은 시간과 돈을 쓰면서 누리는 행동을 의미한다. 경제 성장이 둔화되었으니, 내수를 진작하려면 휴일을 많이 주고 소비를 부추겨야 한다. 인건비를 줄이려면 근로시간도 단축해야 한다. 여가시간이 늘어나는 셈이다.

여가시간에 그저 잠만 자는 것은 어리석은 일이다. 돈이 더 필요한 사람은 이때를 이용해서 멀티 잡을 뛰기도 하고, 경제적 여유가 있는 사람은 취미 생활을 즐긴다. 끼리끼리 모여 운동도 하고, 각종 취미를 공유하는 동호회에 들기도 한다.

때로는 과도한 몰입으로 본업에서 문제를 일으키는 사람도 있다. 소확행을 위한 무언가를 하지 않으면 일 중독자로 판명되어 비난의 대상이 되기도 한다. 일이라는 거미줄에 칭칭 감겨서 지내는 신세는 시시포스처럼 처량하다.

일의 그물에서 벗어나 나만의 행복을 위한 행동을 취하는 것은 대단한 일이다. 그런 측면에서 워라밸은 노동만이 중시되던 산업화 시대의 그물에서 탈출한 개인들이 지녀야 할 탁월한 덕목이기도 하다.

유럽인들이 이루어낸 휴식 문화가 이제 우리에게도 정착되고 있다. 그러나 휴가 문화도 과하면 언제든지 거미줄이 될 수 있음을 인지해야 한다. 쉬지 않기 때문에 비난받는 것은 온당치 않다. 쉬는 것도, 쉬지 않는 것도 개인의 결단이고 행동양식이기 때문이다.

머스크는 강연에서 하드워킹의 중요성을 강조했다. 그가 워라밸을 존중하고 소확행에만 몰두했다면 오늘날 전 세계 전기차 시장을 지배하는 테슬라는 없었을 것이다.

그는 과도하게 집착하고, 과도하게 일했다. 그는 천재이지만 스스로를 천재라고 인정하지 않는다. 확실한 헌신만이 성과를 낸다는 평범한 진리를 실천하고 있을 뿐이다.

가성비 높은 소확행인 아타락시아는 머스크도 실천할 수 있다. 그가 일을 덜 해서 겪을 성가심을 일을 열심히 함으로써 제거하기 때문이다. 그는 업적을 성취하여 실패라는 성가심에서 탈출하고 있다. 자신만의 아타락시아를 향해 나아가는 것이다.

데모크리토스의 제자인 에피쿠로스는 무엇을 즐기고 무엇을 피해야 하는지 말했다. 그는 생사에 영향을 주는 제1욕망인 식욕과 수면욕은 최대한 즐기기를 권했지만, 생명에 결정적이지 않은 욕망인 성욕과 사치욕은 절제하라고 했다.

그리고 사람과의 관계로 복잡한 명예욕이나 권력욕은 가급적 회피하고, 이를 위해 은둔의 삶을 권했다. 그러나 성가심을 피해 명성, 권력, 부를 멀리하는 것만이 능사는 아니다. 무엇이든 지나치면 일종의 거미줄이 된다.

만일 이 길로 나가야 한다면 과감히 도전하자. 그리고 하나의 세계를 만들자. 그것이 아타락시아를 넘어서는 것이다. 가벼운 아타락시아를 넘어서야 탁월함이 있다. 탁월함의 끝에서 진정한 아타락시아를 맞이하자.

경기장의
평범한
선수들

우리의 탄생은 수억 마리의 정자 중에 단 하나가 난자에 들어가는 일로 시작된다. 정자가 전략을 세우면서 이동할 리는 없지만, 가장 빠른 정자가 태아를 만든다. 경쟁은 피할 수 없는 일이다.

자연에서도 경쟁은 치열하다. 사슴은 연신 서로 머리를 부딪쳐서 힘을 뽐내고, 하마는 입을 크게 벌려 겨룬다. 작은 화단에서도 식물들의 치열한 영토 전쟁이 벌어진다.

다른 종과의 경쟁에서 가장 우위를 점한 것이 호모 사피엔스다. 이들은 다른 동물과 달리 전두엽을 키우면서 생각하고 상상하는 능력을 확보했다. 그 결과, 지구를 지배하는 존재가 되었다.

진화생물학자들은 경쟁의 약육강식만이 지속가능한 생존을 보장하는 것이 아니고, 이타적인 협력도 필요함을 강조한다. 그것이 건강한 사회를 유지하는 힘이다.

인류학자 마거릿 미드는 '인류 문명의 시작을 알리는 상징은 무엇인가?'라는 질문에 대해 넓적다리가 부러졌다가 다시 붙은 흔적이 남은 유골이라고 답했다.

이것이 드러내는 사실은 수렵사회에서 부상을 입은 동료를 죽도록 방치하지 않고 완치될 때까지 보살폈다는 것이다. 치유된 넓적다리 유골은 그녀에게 이타성의 탄생을 확인시켜줬다.

그러나 우리는 승자가 보상을 차지하는 것을 정의라고 믿으며, 경쟁 없이 얻는 것을 무임승차라고 비난한다. 경쟁은 우리 일상을 움직이는 엔진이 되어버렸다. 참으로 안타까운 일이다.

경기장이라는 한계

대부분의 경기장에는 테두리가 있다. 고대 로마의 원형경기장이 그렇다. 오늘날의 종합운동장도 비슷한 구조를 갖고 있으며, 격투기가 벌어지는 경기장도 마찬가지다.

복싱은 사각의 링을 구축하고, 선수들은 그 안에서 치고받는다. 태권도나 유도는 넘어지는 일이 잦으므로 링을 만들기보다 선으로 경기장의 범위를 제한한다.

'선 넘지 마라.'는 말이 있듯이 경기는 언제나 선 안에서 이루어져야 한다. 장외경기라는 말이 있지만 그것은 비정상이고 부도덕함을 상징한다.

선을 넘지 말아야 한다는 말은 일상에도 적용된다. 그 선은 우리가 살아가면서 지켜야 할 기준이다. 사회는 선을 넘는 사람들에게 벌을 준다. 선을 넘지는 않았지만 경기의 방법에서 도가 지나치면 이 또한 벌칙의 기준이 된다.

무슨 일을 할 때 범위를 정해달라는 요청이 많다. '셀(Cell)'을 정해달라고 한다. 공무원들은 부서라는 셀에 민감하다. 부처 간 협력이 필요한 일들은 잘 진행되지 않는 경우가 많다.

셀 안에서는 본인들이 갖고 있는 권한과 노하우, 그리고 가용할 재원이 있지만 셀 밖의 세계는 허허벌판이기 때문이다.

시험 범위를 정확히 지정하는 것은 학생들에게 편안함을 주는 일이다. 교과목마다 매주 가르칠 내용과 교재를 공지하는 것은 학생들이 이 수업에서 자신이 받을 학점을 예측하게 만든다.

대체로 셀은 안정을 주고, 범위를 결정한다. 그 안에서 이루어지는 일은 예측하기 쉽다. 축구장에서 축구선수들이 우주선을 만들어 달로 날아가는 일은 없는 것처럼 말이다. 그래서 우리는 셀을 보고 판단한다.

벤처기업 역시 사업계획서 안에 선이 그어진 상태로 등장한다. 그들에겐 정말 대단한 일이겠지만, 수많은 사업계획서를 접했던 투자자들은 사업의 한계를 금세 알아차린다. 그들이 그어놓은 선, 즉 경기장의 둘레가 모든 것을 말해주기 때문이다.

셀은 그 안의 존재들을 하나의 키워드로 묶는다. 그래서 그들은 그 키워드로 대표되는 평범을 나누어 갖는다. 가장 뛰어난 사람도 셀의 범위를 넘을 수는 없다.

헤르만 헤세의 『데미안』은 셀을 깨는 존재 아브라삭스의 이야기가 첫 문장을 장식한다.

새는 알을 깨고 나온다.
알은 곧 세계다.
태어나려는 자는 한 세계를 파괴하지 않으면 안 된다.
새는 신에게로 날아간다.
그 신의 이름은 아브락사스다.

여기서 아브락사스는 '실천하고 수련한다'는 뜻의 '프락시스 (praxis)'에 '없다'라는 접두사 'A'를 붙여 만든 이름으로, 더 이상 아무것도 연습할 필요가 없는 완전함을 의미한다. 이는 신의 세계다.

경쟁이라는
그물

경기장에 나서려면 기술을 익혀야 하고, 상대방을 이길 필승 전략도 있어야 한다. 훈련의 과정은 길고 지루하기에 타고난 체력과 습득 능력이 있는 사람들이 앞서 나간다.

선수들은 어느 날 문득 정신력만 있으면 된다는 코치의 다그침도 그저 듣기 좋으라고 하는 소리라는 것을 깨닫는다. 어차피 일등은 불가능하다는 현실을 받아들인다.

공부는 더하다. 문과와 이과를 가르던 시절에는 영어를 잘하면 문과, 수학을 잘하면 이과에 진학해야 한다는 식으로 진로를 정했다. 절대적으로 잘하는 것이 아니라 무엇이 더 좋은지 묻는 상대적인 판단이다.

분야를 정하고 나면 다시 피나는 경쟁으로 돌입한다. 시험을 보고, 결과를 알려주는 게 반복된다. 요즘은 학생들의 인권을 생각해서 하지 않지만, 예전에는 석차와 점수를 공개적으로 게시했다.

그렇게 어쩔 수 없이 친구와 나의 위치를 가늠한다. 그러다가 이정도 등수면 괜찮다고 자기 자신과 타협한다. 타협하는 순간부터 마음의 안정이 찾아온다.

그렇다고 마냥 편한 것은 아니다. 불안은 마음 한 구석에 남아 있다. 내 점수로 갈 수 있는 대학들을 마음에 새기며 어쨌든 대학입학까지는 할 수 있으리라는 희망을 품는다.

물론 어떻게 해도 대학 진학은 무리라는 판정을 내렸다면 심적으로 괴롭다. 스스로 포기하는 것이 아니라 포기 당하는 것. 경쟁이 만들어내는 사회적 위계질서다.

자기 수준을 정한 학생은 어쩌다 등수가 더 올라가면 불안해서 어쩔 줄 모른다. 그러다가 다음 시험에서 원위치로 돌아오고 나서야 가슴을 쓸어내린다.

어쩌다 등수가 내려가도 난리가 난다. 여기서 한없이 추락할 것 같은 불안감으로 밤을 새기도 하고, 나를 이긴 친구를 살피며 놀지 않으려고 애쓰고 노력해서 떨어진 등수를 만회한다.

이런 행동을 학생 시절 내내 하고 나면, 공부를 통해 성장하는 것은 불가능하고 그저 등수 관리를 했을 뿐이라며 뒤늦게 씁쓸한 각성을 한다.

이제 학력은 절대적인 기준이 된다. 나보다 성적이 좋은 친구는 잘난 친구고, 나는 그보다 못한 인생을 살아도 무방하다는 생각을 무기력하게 받아들인다.

다시 학창 시절로 돌아가라고 하면 죽어도 사양하고 싶은 사람이 더 많을 것이다. 학창 시절의 공부는 항상 비교와 열등감으로 얼룩졌기 때문이다.

나도 그랬다. 서예를 좋아했기에 주말이면 교과서 대신 화선지를 펴놓고 한 글자씩 수백 자를 썼고, 다른 친구들은 그 시간 동안 공부를 했다.

당연히 시험이 끝나고 석차에서 이름을 찾는 건 중간쯤에서 시작하는 게 빨랐다. 그 등수가 앞으로 내가 살아가야 하는 계층을 말해준다고 생각했다.

그런데 신기한 일이 생겼다. 고등학교 2학년 겨울방학에 갑자기 머리에서 '따닥따닥' 소리가 들린 이후로 문제를 잘 푸는 게 아니겠는가. 그렇게 3학년이 되고 치른 첫 수학 시험에서 전교 3등을 했다.

그러자 갑자기 친구들이 바뀌었다. 전교 10등 안에 드는 친구들끼리 만든 '원탁'이라는 모임이었다. 나는 어색하게 그 모임의 멤버가 되었고, 선생님들은 어디서 과외를 받았느냐고 물었다.

한번 온 총기는 금세 사라지지 않았다. 대학입시에는 실패했지만, 이후 수석을 놓치지 않았고 카이스트도 수석으로 합격했다. 그저 열심히 하는 아이에서 공부 잘하는 아이로 변한 것에 무슨 차이가 있었을까?

이전에는 뭐든 다 알아야 한다는 생각으로 무작정 공부했는데, 이후에는 스스로 체계를 세우고 문제를 만들었다. 시험을 보면 대체로 내가 만든 문제가 나왔으니 성적이 좋을 수밖에 없었다.

그래도 대학에서 수석을 하면서 밀리면 어떻게 하나 너무 불안했다. 그 불안은 나를 대학 도서관에 제일 먼저 입실하고 제일 나중에 나오는 학생으로 만들었다.

공부한 것을 정리하고 또 정리했다. 문제를 풀다가 틀리면 지우고 다시 풀었다. 책상 칸막이 안에는 지우개 똥이 넘쳐났다. 불안을 달래는 방법은 쉬지 않고 공부하는 것뿐이었다.

그러던 어느 날 저녁노을이 아름답게 물든 하늘이 도서관 문 앞에 펼쳐진 걸 봤고, 나는 이상하게 가슴이 벅차오르는 환희를 느꼈다. 등수는 떠오르지 않았다. 나의 가슴에 꽉 찬 지식의 희열이 느껴지는 순간이었다.

오징어 게임은
현실이다

경쟁은 승자와 패자를 나누지 않더라도 순서를 결정짓는다. 그래서 경쟁을 구경하는 것에는 나름의 즐거움이 있다. 구경꾼은 치열하게 싸우는 입장이 아니기 때문이다.

스포츠는 우리에게 큰 즐거움을 준다. 응원하는 팀이 승리하면 한없이 기쁘다. 승리를 이끈 주역은 영웅이 된다. 그의 일거수일투족이 관심거리다. 그러나 그가 슬럼프에 빠져서 연패하면 비난이 쏟아진다.

문제는 우리가 선수의 입장에 있다는 사실이다. 규모나 주제를 불문하고 우리는 한 가지 이상의 경쟁에 참여하고 있다. 항상 최상의 컨디션을 유지하지도 못한다. 경쟁에서의 낙오는 종종 기회가 다시는 오지 않는 것을 의미한다.

사실 〈오징어 게임〉이라는 넷플릭스 드라마가 그렇게 인기를 끈 것은 우리가 실제로 겪는 상황과 등장인물들이 처한 상황이 크게 다르지 않기 때문이다. 최후의 승자가 모든 것을 갖는다.

그러나 실패하면 죽음뿐이다. 물리적인 죽음은 아니겠지만, 더 이상 그 일을 할 수 없는 상황이 되고 탈락자는 경기장에서 자취를 감춘다는 점에서 동일하다.

수많은 직장인이 수직의 사다리를 놓고 치열한 경쟁을 하지만 임원을 다는 사람은 많지 않다. 임원이 된 이후에는 완전한 오징어 게임에 빠진다. 한 번의 실수를 용납하지 않는다. 현실의 경쟁은 살벌하다.

종종 편법이 통용되기도 하고, 심판이 잘못 보고 오심을 내리기도 한다. 한 번의 실패로 경기장 밖으로 나가야 하는 부조리를 견딜 수 없지만, 이런 일은 현실에 비일비재하다.

그래서 게임에는 참여하되, 결정적인 승패의 순간에 서려고 하지 않는다. 이것이 평범을 부추긴다. 성공은 필요 없고, 그저 길게 자리를 지켜내는 것. 이것이 평범한 선수들의 희망이다.

1등과 2등은
무엇이 다른가

삼성의 이건희 회장은 항상 임원들에게 다음의 질문을 던졌다고 한다. '그것이 무엇인지 아는가?' '그것을 할 줄 아는가?' '그것을 무엇에 쓸 것인가?' '그것을 남에게 가르칠 수 있는가?'

질문을 다 통과하고 나면 마지막으로 묻는 게 있다. '그것을 평가할 수 있는가?' 여기에 그렇다고 답하면 어느 수준이냐고 물었다.

일류라고 대답하면 어김없이 '일류면 안 돼, 초일류여야만 해!'라고 호통을 쳤다고 한다. 그래서 삼성 사람들은 초(超)에 집중한다.

일류인 1등 뒤에는 바로 2등이 있다. 턱밑까지 추격당하는 1등의 처지가 불쌍하다. 이전에 내가 1등을 지키려 안간힘을 썼던 시절이 떠올라서 그들의 고충을 안다.

물론 어느 정도 시간이 지나 실력의 축적이 이루어진 다음부터는 여유가 있었지만 초기에는 언제고 없어질 것 같은 그 자리를 놓고 불안에 시달렸다.

마찬가지로 어렵게 일류에 발돋움한 삼성은 불안했을 것이다. 지금도 삼성이나 SK하이닉스를 비롯한 반도체 회사들은 고민하고 있다. 인텔을 이긴 게 엊그제인데, 어느새 대만의 반도체 회사들이 약진하고 있다.

치열한 경쟁 속에서 기업은 일류가 되기 위해 끊임없이 업종 전

환을 한다. 조부가 일군 소바 가게를 유지하는 것이 일본이라면 우리나라는 조부가 일군 교복 회사에서 통신으로, 반도체로, 신재생 에너지로 끊임없이 발전하는 점에서 탁월하다.

우리는 동계 올림픽 때마다 초를 다투는 쇼트트랙 경기를 본다. 맨 뒤에서 달리다가 어느 순간 날끝을 세우면서 치고 나가, 마지막에는 일등을 거머쥐는 짜릿한 순간이 있다. 우리는 쇼트트랙이 묘사하는 역전의 드라마를 보며 전율한다.

선수들은 스프링처럼 튀어나갈 힘을 비축하고 틈을 노린다. 그 파고듦을 막기 위해 선두 선수는 후발 선수의 움직임을 미리 알아차리고 진로를 막는다. 그래서 후발 선수의 약진을 얼마나 잘 막아내는지도 중요하다.

피를 말리는 신경전 끝에 한 번에 엎어버리는 대역전의 환희. 스포츠 경기는 이렇게 간발의 차이가 등수를 결정한다. 생각해 보면 1등과 2등에 무슨 대단한 차이가 있단 말인가? 그러나 사람들은 모든 영광을 1등에게 돌려준다.

생활 터전에서 벌어지는 경쟁은 스포츠 경기보다 훨씬 살벌해서 남이 잘되는 꼴을 못 본다. 계략을 세워 상대방을 모함하고, 바닥으로 떨어뜨린다.

빠르게 달리는 것보다 다가오는 사람을 넘어뜨리는 것에 능수능란한 사람들이 많다. 그러니 정직한 경쟁을 기대하는 사람들은 정의롭지 못한 세상을 원망한다.

〈나는 자연인이다〉라는 TV 프로그램을 보면 왜 산에 들어와 혼자 사냐는 질문에 사기를 당한 뒤로 사람이 싫어서 산으로 왔다고 답하는 사람이 많다. 편법이 난무하는 경기장에서 선량한 시합을 하다가 퇴출된 것이다.

연예인 중에는 인기를 누리다가 갑자기 몰락한 사람들이 있다. 유명해진 뒤에 과거사 때문에 일이 복잡해지는 경우도 많다. 달리 생각하면 이는 자기 자신을 찾아가는 새로운 출발일 수도 있다.

그래서 견디기 어려운 비난으로 목숨을 끊는 연예인을 보면 마음이 무너진다. 댓글이나 타인의 시선을 일체 보지 않는 것만이 자신을 지키는 방패로 보인다.

유명세는 하늘을 나는 새를 떨어뜨리는 새 그물 같은 것이다. 그래서 진정으로 탁월해지려면 그물에 걸리지 않게 높이 날아올라야 한다. 그물에 걸리면 끝장이다.

간신히 날아 그물에 걸리지만 않게 아슬아슬한 비행을 하는 것은 평범의 또 다른 모습에 불과하다. 날아오르되 더 멀리, 그물이 감히 덮쳐오지 않는 높이로 날아가는 것. 그것이 탁월함으로의 여행이다.

경기장
밖의
보물찾기

이제 경기장을 넘어서는 일에 대해 얘기할 차례다. 경기장에서 탈락한 낙오자는 오징어 게임의 룰에 따라 선수로서의 생명을 잃는다.

낙오된 선수는 어디로 가야 할까? 일부 선수는 산으로 들어갈 것이다. 그러나 일부 선수는 다른 경기장을 찾아가 선수 등록을 새로이 하고 다시 한 번 경기에 돌입할 것이다.

그의 앞날은 보장되지 않는다. 새로운 경기를 몇 번 거치고 나면 인생이 다 지나가기에 우리는 인생이 허무하다 느낀다. 그래도 경기장에 들어가서 선수가 되어야 할까?

이제 우리는 '탁' 다음 문자를 풀어야 한다. '넘을 월(越)'은 병사들의 추격을 따돌리며 국경을 넘는 모습을 보여준다. 치열한 추격전은 결국 경쟁이고, 그 경쟁을 넘어서는 것이 월 자다.

그러니 '탁월(卓越)'은 경쟁을 물리치고 그물을 넘어서는 것을 말한다. 간신히 넘어서는 것이 아니라, 모든 추격과 그물이 닿을 수 없는 경지로 높게 날아오르는 것이다.

이제 탁월의 두 번째 코드 '경계를 넘어섬'에 대해 이야기하자.

탁월함이란
무엇인가

『엑설런스』의 저자 도리스 메르틴은 코로나 시대를 넘어서는 능력으로 '엑셀런스'를 주문했다. 인공지능에 의해 일자리가 없어지고 대체되는 시대에는 엑설런스한 존재만 살아남는다.

평범함을 넘어서 새로운 탁월함을 만드는 사람만이 진정으로 대체불가능한 존재가 되는 것이다. 그러기 위해서 열린 마음, 자기성찰, 공감, 의지, 리더십, 평정심, 민첩성, 웰빙, 그리고 공명을 주문했다.

이것들이 바로 탁월함을 이루는 9가지 능력이라고 한다. 사실

이런 이야기를 듣다 보면 그중 하나만 빠져도 소용이 없을 것 같다는 생각이 들기 마련이다.

그녀는 평범함을 넘어 새로운 곳으로 도약하는 엑설런스를 강조했지만, 그것이 아레테라는 그물을 걷어내거나 경쟁을 넘어서는 탁월함이라고 말하지는 않았다.

경쟁을 넘어서는 것이 엑설런스라고? 탁월의 한자 표기를 보면서 삼엄한 감시를 피해 담장을 넘는 것을 말했다. 그 담장은 경기장의 담장, 즉 셀(cell)이다.

엑설런스(excelllence)의 어원을 풀어보자.

excellence	=	ex	+	cell	+	ence
(탁월함)		(너머)		(경기장, 울타리)		(이미 소유한)

이 단어는 '경기장 밖의 것을 소유한'이라는 뜻을 갖는다. 경기장 밖에는 치열한 경쟁 대신 보물찾기가 있다.

어린 시절에 소풍을 가면 항상 즐거웠다. 김밥을 담은 도시락은 특별했고, 과자를 엮은 줄을 향해 힘차게 달려가는 즐거움도 있었다. 이런 경쟁적인 놀이 끝에는 항상 보물찾기가 있었다.

보물찾기는 구석구석 잘 살펴야 한다. 돌멩이 틈에 숨겨진 종이를 찾으면 보물 이름이 나온다. 나중에 이 종이를 들고 가서 보물을 받는다. 보물을 찾기 위해 돌아다닐 때의 두근거림과 호기심이 보물찾기의 핵심이다.

몇 번의 허탕 끝에 종이 한 장을 찾고 나면 그보다 더 기쁠 수 없다. 종이에는 각기 다른 선물이 적혀 있어서 나만의 선물을 얻는 즐거움을 만끽할 수 있다.

천상병 시인은 〈귀천〉이란 시에서 인생을 소풍에 비유했다.

나 하늘로 돌아가리라
아름다운 이 세상 소풍 끝내는 날
가서 아름다웠노라고 말하리라

그는 인생이라는 소풍에서 수많은 보물을 찾아냈을 것이다. 보물은 모두 그의 시로 탄생했다. 세상은 그에게 아름다웠고, 하늘에 가서 세상이 아름다웠다고 했다.

그런 면에서 천상병 시인은 경기장 밖에서 보물찾기를 했던 탁월한 사람이다. 탁월함은 경쟁이 아니라 놀이에서 갖출 수 있다.

중요한 건
나아가는 방향

나는 캐나다에서 1년 살이를 한 적이 있다. 내가 살던 도시는 해밀턴이라는 온타리오 주의 공업도시다. 이 도시를 통해 남북으로 뻗은 퀸 엘리자베스 401 고속도로는 토론토와 나이아가라 폭포를 지난다.

해밀턴은 단층으로 형성된 2개의 판이 물려있다. 사람들은 위로 올라간 판이 만든 고원을 어퍼 마운틴(upper mountain)이라 불렀고, 아래 평원을 언더 마운틴(under mountain)이라고 불렀다. 이 단층은 나이아가라 폭포까지 이어지는데, 아래 평야에서 보면 산줄기가 이어진 것처럼 보인다.

언더 마운틴에 사는 사람들이 장을 보려면 어퍼 마운틴에 있는 마트에 가야 한다. 그러기 위해서 단층을 올라가는 휘어진 길을 따라 차를 몰아야 한다. 구불구불한 산길을 올라가면 광활하게 펼쳐진 평원과 마주한다.

질 들뢰즈의 『천 개의 고원』은 다양한 가치의 높은 지점을 말하지만, 나는 경쟁사회를 산길을 오르는 줄서기로 이해하고 싶다. 누가 더 높은 자리에 있느냐는 것은 가치판단에 불과하다.

일단 어퍼 마운틴으로 올라서면, 어디로 달려가느냐가 더 중요한 가치가 된다. 가는 순서가 중요한 것이 아니고 방향이 중요하다.

고원에서는 산길에서의 평가와 완전히 다른 평가의 세계가 펼쳐진다. 산길은 순서가 있는 경기장이지만 고원은 경기장 밖의 놀이터, 보물찾기를 하는 곳이다.

물론 『천 개의 고원』 속 고담준론은 따라가기 힘든 논설이지만, 들뢰즈가 던진 화두는 엑설런스와 연결되어 영감을 던져준다.

그는 과거가 산을 오르는 등산의 시대였다면, 디지털로 확장된 오늘날은 고원의 시대라고 한다. 고원은 삶의 방식을 달리해준다.

내면의
작은 불꽃

한스 크리스티안 안데르센의 동화 『성냥팔이 소녀』는 언제나 심금을 울린다. 동화의 줄거리는 다음과 같다.

가녀린 소녀는 추운 겨울날 부잣집 담벼락에 앉아있다. 돌봐줄 부모도 없고 집도 없다. 팔다 남은 성냥만 있을 뿐이다. 소녀는 추위를 이기지 못해 떨다가 성냥 하나를 켠다.

그 작은 온기와 불빛에 소녀는 환상을 본다. 불은 꺼지고, 소녀는 다시 성냥을 켜서 환상을 본다. 그렇게 소녀는 점점 환상에 빠져들다가, 다음날 아침에 얼어 죽은 시신으로 발견된다.

이 동화는 환상이 현실로 바뀌는 감동은 주지 않았다. 마지막에

싸늘하게 식은 소녀의 시신을 보여줌으로써 어린아이들에게 냉혹한 현실을 일깨운다.

나는 안데르센이 아주 잔인한 사람이란 생각을 했다. 지나가는 행인 하나를 붙여서라도 소녀를 살려야 하지 않았을까? 그러나 만일 그렇게 했으면, 『성냥팔이 소녀』는 우리의 기억에서 사라졌을 것이다.

어린아이들에게 현실의 무서움을 고스란히 전해서, 아이들은 놀다가도 부모가 안 보이면 어쩔 줄 몰라 한다. 부모 없는 세상에서는 성냥팔이 소녀처럼 비참한 최후를 맞을 수도 있기 때문이다.

성냥불 하나 켤 힘도 없는 젊음도 많다. 성냥 한 개비조차 없는 캄캄한 어둠속에서 싸늘하게 식어간다. 그러나 젊은이는 언제나 야망과 비전의 등불을 켜고 절대로 포기하지 말아야 한다.

고대 그리스의 철학자 헤라클레이토스는 세상 만물이 불꽃과 로고스로 이루어졌다고 했다. 그에게 불꽃은 변화무쌍한 존재를 상징한다. 그는 세상은 늘 변한다는 무상의 도를 주장했다.

살인을 하고 광야로 도망친 모세가 80세가 되었을 때, 신은 그의 앞에 나타났다. 가시덤불나무의 불꽃으로 등장한 신은 나무를 태우지 않은 채 빛을 발하고 있다. 그 불꽃 안에서 음성이 들리는데, 그게 바로 로고스다. 불꽃을 로고스가 감싸고 있는 것이다.

엑설런스는 태우지 않는 불꽃으로 로고스를 던져준다. 그것은 경기장 밖의 보물찾기에 등장하는 것이다. 신의 음성일 수도 있고,

영혼의 속삭임일 수도 있다. 내면의 불꽃이 전하는 말이 끝없이 들리는 사람은 탁월하다.

성공했음에도 타 죽을 것 같은 고통으로 하소연하는 사람들을 볼 수 있다. 이들의 가슴에 타오르는 불꽃은 질투와 집착으로 무엇이든 가리지 않고 태워내는 파멸의 불꽃이다.

우리는 그것도 모른 채 불꽃이 강한 사람을 열정적이라고 칭찬한다. 그러다 열정의 불꽃에 화상을 입고, 심한 경우 죽기도 한다. 예수를 배신한 유다도 본래는 열렬한 신자였다.

그러나 유다는 결국 예수를 십자가에 매달고, 자신은 죄책감으로 투신하는 결말을 맞이했다. 우리는 모든 걸 파멸시키는 그릇된 불꽃, 번아웃(burn out)을 경계해야 한다.

그래서 헤라클레이토스는 유물론자로서 불꽃과 로고스로 이루어진 인간의 몸을 생각하며, 어떻게 하면 잘 사는 것인가 질문을 던지는 생활 철학을 일궈냈다.

그는 인생에서 잘 사는 길은 바로 불꽃에 타지 않는 것이라고 했다. 그 불꽃, 정념을 당시의 말로는 '파토스(Pathos)'라고 한다. 그는 '아파테이아(Apatheia)'라고 부르는 열정이 없는 상태를 유지하라고 말했다. 다시 말해, 현자의 최고지점인 부동심(不動心)이다.

그러나 나는 나를 태우지는 못하지만 새로운 세계로 인도해주는 불꽃, 로고스가 담긴 불꽃, 성냥팔이 소녀의 작은 불꽃 하나만이라도 간직하는 것이 좋다고 생각한다.

불꽃은 끊임없이 우리를 변화시키고, 환상으로 인도할 것이다. 그곳은 치열한 경쟁의 열기가 있는 경기장이 아닌 경기장 밖의 놀이터, 천 개의 길이 있는 탁월함의 세계다.

높이 나는 새가
멀리 본다

지금까지 그물과 경쟁을 넘어가는 탁월함에 대해 살펴봤다. 이제 진정한 탁월함은 우리 모두가 가질 수 있고, 이미 내 안에 있는 것임을 깨달았을 것이다. 탁월함은 우리의 생각을 바꾸는 간단한 일에서 시작한다.

나를 속이는 모든 그물을 걷어내는 것에서, 참다운 자기를 발견하는 '나다움'으로 가는 것에서 우리는 그물 너머의 세계로 나아간다. 그리고 선수로서 경기장에서 치열하게 다투는 게 아니라, 경기장 밖의 세계로 자기 자신을 던짐으로써 탁월해질 수 있다.

우리는 본래 탁월한 존재다. 우리는 붉은 몸뚱이로 이 땅에 태어났다. 아무것도 걸치지 않은 원초적인 인간이었기에 탁월했다.

그러나 우리는 자라면서 옷을 주워 입고, 다양한 명성을 이름에 덧붙이며 평범해졌다. 그 모든 허물을 벗고 진정한 나로 우뚝 서는 용기를 가진다면, 그물보다 더 높이 나는 한 마리 새가 될 수 있다.

멀리 본다는 건 세상을 바라보는 시각이 달라진다는 걸 의미한다. 내가 매일같이 분투하는 경기장이 얼마나 협소한 것인지 깨닫고, 나와 다투는 상대방의 아픔을 살핀다. 경기장보다 훨씬 넓은 세계, 드넓은 고원, 천 개의 길을 바라본다.

경쟁은 하찮고 어리석다. 고원의 길을 질주하는 여정에서 보물을 찾는 인생을 살 수 있다. 우리는 원래 그러도록 태어났지만 모두가 경쟁에 매몰되는 평범의 도가니에 빠진 것이다.

우리는 새로운 세대를 보며 자신들과 다르다고 한탄한다. 시간이 지나면 다음 세대가 우리를 두고 비슷한 한탄을 할 것이다. 다른 세대는 새로운 경기장을 만들지만, 사실 지금과 크게 다를 바 없는 평범한 경기를 치른다.

이제 과감히 경기장 밖으로 나가야 한다. 대세를 논하고, 유행을 따르는 무리의식을 던져버리고, 세상에서 하나뿐인 존귀한 존재로 우뚝 서야 한다. 그것이 탁월함의 길이다.

석가모니는 '천상천하 유아독존'이라는 말을 남김으로써 탁월한 사람의 독존성을 주문했다. 예수의 가르침도 우리의 존엄성을 말한다. 우리는 모두 존귀한 존재, 탁월한 존재다.

그 누구도 우리를 평범하다고 말할 자격은 없다. 우리 스스로 자신을 평범하다고 속이고 있을 뿐이다. 과감히 꿈에서 깨어나 경기장의 담장을 넘어서는 탁월함을 체험하자.

탁월함은
변하지 않는다

탁월한 것은 인생의 유한함을 넘어선다. 하지만 탁월함을 만들어낸 사람 없이는 존재할 수 없다. 탁월한 것은 그것을 소유하는 사람에게 가치를 주었으나 탁월한 사람을 소유할 길은 없다.

치열한 세상에서 한평생 그저 살아가는 것만으로도 위대하다는 사실을 잘 알고 있지만, 그 여정에서 탁월함까지 만들어낸다면 더더욱 위대한 것이 아닐 수 없다.

여기서는 탁월한 사람에 대해 말하고자 한다. 널리 알려진 탁월한 것을 만들어내지는 못했을지라도 잠재력을 갖춘 사람에 대해 말하고자 한다.

최근 '좋음을 넘어 위대함으로'라는 구호가 사회 곳곳에 스며들고 있다. '좋은 회사를 넘어 위대한 회사로' 혹은 '좋은 국가를 넘어 위대한 국가로'와 같은 구호가 가슴을 뛰게 한다.

짐 콜린스의 『좋은 기업을 넘어 위대한 기업으로』라는 책에서는 잠깐 반짝하는 기업이 아니라 장구한 세월 동안 인정받는 기업이 위대하다고 말한다.

오랜 기간 탁월함을 유지하는 것에 점수를 준다면, 위대한 제국은 이집트나 신라 같은 나라일 것이다. 천 년 이상 살아남은 국가가 매우 드물기 때문이다.

위대하다고 하는 로마제국도 분열의 역사가 있다. 세계를 제패했지만 금세 사라진 존재들이 얼마나 많은가? 그런 면에서 생존 능력은 위대함의 조건 중 하나임에 틀림없다.

세대를 초월한 것은 분명 탁월하다. 우리는 이런 존재를 불멸의 존재라고 부른다. 많은 금속 중에 금은 참으로 탁월하다. 무덤 속에서 천 년이라는 세월 동안 잠자고 있어도 결국에는 영롱하게 존재를 드러내기 때문이다.

짧은 생을 살다 가지만 그 종족을 변함없이 유지하는 생물도 탁월한 종이다. 오늘날에도 발견되는 화석생물이 바로 그 예시다.

잠자리 같은 곤충은 고대와 오늘날의 모습에 차이가 거의 없다. 환경이 수없이 바뀌었을 텐데도 매번 극복하고 살아남았다는 것은 그 종이 탁월한 설계를 갖고 있다는 것을 의미한다.

변치 않는 것의 탁월함은 영원한 삶을 동경하는 마음이나 녹슬지 않는 불멸의 존재들을 귀하게 여기는 것에도 나타난다. 시대와 문명을 초월해 변치 않는 가치를 탐구하는 것이 인문학이라면 탁월함의 요체 역시 불변에 있다.

알베르트 아인슈타인 같은 과학자들도 자연현상을 이해하는 데 가장 중요한 것으로 방정식 속의 불변항을 꼽았다. 그는 우주에서 빛의 속도를 불변의 기준으로 두고 상대성 이론을 구상했다. 이처럼 변치 않는 가치는 탁월함의 가장 큰 상징이다.

남과 달라야
탁월하다

탁월한 것은 흔하지 않다. 우리는 비슷비슷한 것을 아류라고 한다. 많은 음식점이 원조 경쟁을 하는 것도 아류들과 다르다는 걸 주장하고 싶기 때문이다.

남과 달라야 탁월하다. 우리는 이 다름을 바람(風)이라고 불렀다. 집집마다 다른 분위기를 가풍이라고 하고, 학교마다 다른 분위기를 학풍이라고 하지 않는가.

정보의 시대에서는 너무 빠르게 서로 모방하여 모든 게 그저 그런 상태가 되고 만다. 벤치마킹을 한다고 돌아다녀도 다들 고만고만하다는 생각만 든다.

중국의 무술은 북부 지방은 직선운동을 기반으로 하지만 남부 지방은 원운동을 기반으로 한다. 이러한 다름은 많은 변종을 만들어내고, 다양한 무술은 중국을 대표하는 문화상품이 되었다.

하지만 영향력을 행사하려면 정말 큰 차별성이 있어야만 한다. 자신만의 길을 고집하며 나아갈 때 남과 달라지는 모습에서 탁월함이 탄생한다.

그 길은 멀고 험하다. 남이 갔던 길을 따라가는 것은 쉽지만, 새로운 길을 만들면서 가려면 고작 몇 발자국이라도 엄청난 시간과 노력이 든다. 이런 노력의 결과로 탁월한 것이 탄생한다.

미래는 유비쿼터스(ubiquitous) 사회가 될 것이라는 예측이 있다. 여기서 '유비쿼터스'는 '어디에나 있는 것'을 말한다. 스마트폰을 보면 그 시대가 멀지 않았음을 실감한다.

유비쿼터스라는 말을 우리말로 표현하면 무엇이 적절할까? '꽃이 지천으로 흐드러지게 피었다'는 표현에서 지천은 '매우 흔하다'라는 뜻과 '지극히 천하다'라는 뜻이다.

왜 천할까? 하도 많아서 천한 것이다. 옛사람들은 흔하면 천하다고 생각했다. 그런 존재에는 '개' 자를 붙여서 천함을 표시했다.

가을이 다가오면 피어나는 꽃 중에 개망초가 있다. 조그만 꽃의 중심에는 노른자처럼 동그랗고 노란 꽃술이 있고, 주변으로 흰자처럼 새하얀 꽃잎이 가지런하고 앙증맞다. 들판에 하도 많으니 '개' 자를 붙였다.

흔한 것은 배경이 될 뿐이다. 개망초가 가득한 들판에 노란 꽃이 한 송이 핀다면 눈에 들어온다. 그 다름이 탁월함을 일깨운다. 안데르센의 『미운 오리새끼』라는 동화도 다름으로 인해 오리들에게 놀림을 받던 미운 오리가 사실은 백조였다는 이야기다.

도예가는 가마에서 구워낸 도자기를 살피다가 흠이 있으면 곧바로 부순다. 자신이 정한 기준을 만족하지 못한 도자기를 깨트리는 행동에는 탁월함을 지향하는 마음이 있다. 그래서 수많은 도자기들 중에 일부만이 남는 것이다.

이제 탁월함을 구축하는 방식으로 집단지성의 힘을 이야기해보

자. 집단지성의 요체는 서로 다른 견해를 갖는 개개인들이 활발한 토론으로 새로운 것을 창조하거나 문제를 해결하는 것에 있다.

모이는 것이 능사가 아니다. 얼마나 다양한 경험과 전문성과 견해가 모이느냐가 중요하다. 서로 눈길만 교환해도 의견 일치를 보는 집단은 집단지성이 아니라 단일지성에 불과하다.

일사불란한 위계질서를 가진 조직이 한순간에 무너지는 것은 다른 의견을 수용하지 못하기 때문이다. 탁월함에는 다름이 있고, 그 다름은 수많은 다름이 수용될 때 이루어진다.

다름이 창조성을 갖는다. 다름은 위기를 극복해낼 적응성과 대안을 구축한다. 그래서 탁월한 조직은 다름을 수용하고, 더 나아가 개방형 플랫폼을 갖는다.

저마다 보는 관점이 다르고 전문성이 다를 때 새로운 가치를 만들어낼 수 있다. 그래서 집단지성이 작동하는 플랫폼을 구성하는 것이 탁월한 아이디어를 내는 요체라고 말하기도 한다.

미의 기준에
주목하라

삼라만상을 3요소의 조합으로 이해하는 삼위일체적인 생각의 틀이 있다. 빛의 3요소는 빨강·초록·파랑이고, 색의 3요소는 빨강·파랑·노랑이다.

미인대회에서는 가장 아름다운 여성을 한 명만 뽑는 것이 아니라 진·선·미 3명을 뽑고, 이 3가지가 합쳐진 경우를 가장 아름다운 미인이라고 한다.

마찬가지로 우리 인간은 몸과 마음, 그리고 영혼으로 구성되어 있다. 탁월한 것의 3요소로는 진실성, 착함, 아름다움을 들 수 있다.

아름다움은 경우에 따라 치명적인 악함을 포함하고, 진실을 위장하기도 한다. 하지만 그러한 아름다움은 영원할 수 없다. 그래서 진성과 선성을 고루 갖춘 아름다움이 탁월함의 요체가 된다.

아름다움에 대한 생각, 즉 미의식은 시대의 특징을 결정하고 문화를 결정한다. 아름다움을 추구하는 사람들은 미의식을 이해할 때 아름다움을 드러낼 수 있다.

아인슈타인은 자신이 자연에서 추구하는 최고의 가치는 아름다움과 단순성이라고 했다. 자연은 복잡하고 오묘하지만 그 질서의 내면은 단순하다고 보았다. 아인슈타인이 만든 에너지 방정식이 얼마나 간단명료한지 보면, 그가 평생 자연의 단순한 아름다움에 심취한 사람이었음을 알 수 있다.

탁월한 것은 대부분 완성도가 매우 높다. 독창성이나 기능성뿐만 아니라 아름다움도 갖추고 있다. 인간이 만들어낸 기계인 자동차만 봐도 그렇다.

세월이 지나면서 자동차의 모양도 변해왔다. 초기의 자동차는 마차를 개조한 형태였으나 점차 세련된 모습의 자동차들이 탄생했다. 공상과학영화에나 등장할 법한 자동차까지 나왔다.

하지만 자동차가 달릴 때 공기의 마찰력을 줄이기 위한 항공공학적 설계가 나오면서 자동차의 외형은 거의 비슷해졌다. 그러한 와중에도 수십 년간 자신의 모습을 유지해온 디자인이 있다. 풍뎅이를 연상케 하는 '비틀'이나 '미니 쿠페'가 그렇다.

미니 쿠페 같은 경우는 자동차 엔지니어가 기능에 충실하게 설계한 것이지만 그 앙증맞고 독특한 외관 덕에 사람들한테 꾸준히 사랑받는 명품이 되었다. 큰 변화 없이 오래가는 디자인의 배경에는 사람들의 마음속에 자리한 미의식이 있다.

아름다움을 구축하는 또 다른 요소는 바로 공예다. 아름다운 작품을 만들기 위해 표면을 연마하는 장인의 손놀림과 땀방울은 아름답다.

보석을 세공하든, 은장도를 만들든, 나전칠기 문양을 새기든, 우리의 전통 문화재에는 장인의 정성이 오롯이 담겨 있다. 기계가 만든 것과는 천지 차이다.

그 완성도에 아름다움이 숨어 있다. 귀한 다이아몬드라 하더라도 보석 세공 장인이 정확하게 커팅을 해야 가치가 있다. 그래야 들어온 빛을 형언할 수 없이 아름다운 형태로 반사시키는 진정한 보석으로 탄생하기 때문이다.

탁월한 물건에 아름다움의 완성을 향한 노력이 들어간 것처럼,

탁월한 인생도 얼마나 많은 눈물과 땀방울로 이루어졌는지가 중요하다. 그것은 우리의 미의식과도 어느 정도 일치한다.

백자의 탁월함은 백자 자체보다 백자에 담긴 내용물을 더 빛나게 해주는 담백함이다. 그 담백함은 우리의 미의식에 있다. 한복이나 버선의 탁월함은 그 곡선의 부드러움과 두터움에 있다. 김치나 장의 탁월함은 날것을 삭여내는 곰삭음에 있다.

생활 곳곳에서 사용하는 물건마다 미의식이 담겨 있다. 사물과 마음의 상호작용인 것이다. 그러므로 미의식은 우리 문화의 탁월함의 요체다.

하지만 시대가 바뀌면서 우리가 사용하는 사물이 달라지고 가치관도 달라졌다. 우리 미의식의 원형이 얼마나 변해가고 있는지, 그리고 그 변화가 우리 문화의 탁월함을 더욱 높이는지, 혹은 무너뜨리고 있는지 바로 알아낼 길은 없다.

미의식을 유지하고 싶은 마음은 우리에게만 있는 게 아니다. 나는 중국의 첨단 과학시설을 살펴보고 연구 협정을 맺기 위해 상하이에 간 적이 있다.

레이저를 견학하고 방문한 영빈관은 오래된 유적처럼 보였다. 마치 경복궁 같은 고궁에 들어간 것 같았다. 현판은 빛이 바래서 간신히 글자를 알아볼 정도였고, 문손잡이는 녹이 슬어 있었다.

나는 수백 년도 더 되어 보이는 세월의 풍상을 견뎌낸 건물을 두고 언제 지었냐고 물었다. 그러자 연구소장은 지은 지 2년이 되었

다고 했다. 애초에 지을 때 아주 오래된 것처럼 앤티크 스타일로
설계한 것이다.

같은 이유로 일본의 레이저 시설을 보러 간 적도 있다. 연구소에
는 일본인 특유의 꼼꼼함이 가득했고, 저녁 식사를 하러 찾아간 식
당의 주인은 몇 대째 내려오는 가게를 무척 자랑스러워했다.

그는 자신이 만드는 음식이 자신의 인격이라고 생각하는 것 같
았다. 만족스럽지 못한 물건을 내놓으면 스스로가 만족스럽지 못
한 인간이라고 생각한다.

일본의 장인들의 실력은 세계 최고 수준이다. 첨단 과학에 수공
예품이 사용되는 경우가 있는데, 대부분 일본에서 생산한다. 그들
의 정밀가공 실력은 미의식에서 비롯된다.

이렇게 서로 다른 문화마다 서로 다른 미의식을 구축하고, 이것
이 독특한 탁월함을 만들어낸다. 탁월함은 그래서 아름답다.

탁월함에는
이야기가 있다

목적과 기능은 탁월한 것의 이야기가 된다. 탁월함을 이루기 위
한 노력도 이야기가 된다. 모든 이야기에는 구조가 있으며, 대중적
지지를 받는 이야기의 구조는 비슷하다.

『홍길동전』에는 서자로서 사회적 한계에 봉착한 주인공 홍길동이 등장한다. 그는 한계를 극복하기 위해 집을 나간다. 그리고 스승을 만나 자신의 능력을 개화시키고, 목표를 발견하고, 새로운 세계로 접어든다. 새로운 세계에서 자신의 가치와 상반되는 가치와 투쟁하고, 고난 끝에 승리한다. 그리고 홍길동이 귀향하는 것으로 이야기는 끝난다.

탁월한 제품에도 이와 비슷한 이야기 구조가 있기 마련이다. 탁월한 제품이 탄생하기 이전부터 유사한 제품은 존재했고, 이들의 힘이 더 강했다.

그 때문에 제품의 개발자는 방황하고, 경우에 따라서는 다니던 연구소나 회사를 나오기도 한다. 기적적으로 자신의 문제를 해결해줄 멘토를 만나서 천신만고 끝에 만들어진 제품은 새로운 시장을 연다.

탁월한 제품이 탄생하기까지의 이야기는 전설이 되어 소비자와 다른 제품 개발자들의 입에서 입으로 널리 퍼진다. 탁월한 제품에는 탁월한 개발자가 있기 마련이다.

스티브 잡스가 세상을 떠난 지 오래되었지만, 아직도 아이폰에서 잡스를 떼어놓고 생각하기는 쉽지 않다. 성능으로만 판단할 수 없는 이야기가 담겨 있기 때문이다. 신화가 되어버린 인물, 신화를 창조하는 인물이 있는 조직은 탁월하다.

월드컵이 열릴 때마다 우리는 영웅의 이야기에 취한다. 한동안 비웃음의 대상이었던 거스 히딩크 감독은 이제 우상이 되었다. 치열한 승부의 세계인 스포츠에 감동하는 것은 그 뒤에 숨겨진 이야기들 덕분이다.

때로는 가난한 어린 시절이 있고, 힘든 사춘기가 있다. 여타 평범한 사람들처럼 여린 성정의 젊은이들이 전 세계인들과 경쟁하는 모습에서 우리는 민족의 탁월성을 확인하고자 한다.

그래서 그들의 몸동작 하나하나가 이야기가 되고, 수없이 다시 보아도 감동으로 다가오는 진실의 드라마가 된다.

이야기는 사람을 움직인다. 그래서 탁월한 인생을 위해 끝없이 이야기를 만들어야 한다. 나만의 이야기, 떠올리면 가슴이 뛰는 이야기를 만들어야 한다. 이야기가 일을 이끌기도 한다.

전구를 발명해서 밝고 아름다운 세상을 만들겠다는 토머스 에디슨의 이야기는 미국의 대표 기업 제너럴 일렉트릭을 탄생시켰다. 세상을 바꾸고 사람을 바꾸는 이야기를 우리는 '비전'이라고 한다.

이야기가 탁월함을 이끌어내든, 탁월함이 전설을 만들어내든, 이야기는 탁월함의 요체다. 에밀레종이 단순한 종이 아닌 이유는 그 안에 슬프고 아름다운 이야기가 담겨 있기 때문이다.

분한 일이 있어도 분을 삭일 이야기를 만들어내야 한다. 그 분을 에너지로 바꾸어 내일을 기약해야 한다. 임진왜란을 비롯해 여러 번의 침략을 당한 이후 수많은 설화들이 만들어진 것은 우리 민족의 구겨진 자존심을 회복하기 위해서였다.

주인공은 세상에서 인정받지 못한 초야의 사람들이었지만, 이들이 신통력을 발휘해 왜군을 꼼짝 못하게 물리치는 이야기가 마을마다 하나쯤은 있다.

이야기는 탁월함을 구축한다. 만나봐야 알 수 있는 탁월함도 있지만 말로 전파되는 탁월함이 더 크다. 입소문이 그렇다. 탁월한 제품은 광고를 하지 않아도 입소문으로 퍼져나간다.

정보가 넘쳐나는 시대이기에 믿을 만한 지인이 제품을 직접 써보고 추천해주는 것을 더 신뢰하는 것은 당연하다. 광고보다 제품의 탁월성에 집중하라는 메시지는 그래서 의미가 있다.

평범한 그들은
어떻게
탁월해졌는가?

    평범이란 늪을 벗어나는 길은 그물을 탈출하는 것이고, 경기장 밖으로 나가는 것이다. 평범함도 그 정도가 달라서 얼핏 봐서 그 정도면 괜찮은 게 있는가 하면, 동정심이 절로 일어나는 것도 있다.

    이제 후자의 평범함에서 탁월함으로 달려간 사람들을 살펴보며 그들이 어떻게 그물을 벗어났고, 어떻게 경기장 밖에 자신의 세계를 만들었는지 살펴보도록 하자.

가난을 극복한
마이클 패러데이

　패러데이는 유도전기를 발견한 영국의 과학자다. 그의 발견 덕택에 우리는 모터를 돌려 에너지를 얻는다. 전기자동차가 돌아다니고, 고속열차를 타고 빠르게 움직인다.

　그는 평균 이하의 출발점을 갖고 있었다. 지독하게 가난한 부모 밑에서 태어났기 때문이다. 개신교도인 부모는 그가 성경을 읽을 수 있도록 글을 가르쳤지만 학교에는 보내지 않았다. 그는 학교에 가는 대신 제본소에 가서 일을 했다.

　패러데이는 친구들이 날로 유식해지고 교양을 쌓는 시간에 손에 멍이 들고 굳은살이 붙도록 일을 했다. 가난한 가정 형편은 그물이 되었지만, 그는 그물을 찢어내고 탈출했다.

　늘 제본을 맡기는 어느 신사 덕분이었다. 그 신사는 패러데이의 정성스러운 작업을 좋아했고, 고마움을 표시하고자 케임브리지대학의 화학 교수 험프리의 강연 티켓을 선사했다.

　패러데이는 그 강연을 들으며 자기 인생을 바꿀 결심을 한다. 그는 강연 내용을 노트에 써서 책을 만들고는 자신이 조수가 되고 싶다는 간곡한 편지와 함께 험프리에게 보냈다.

　패러데이는 험프리의 조수로 고용되었고, 다시는 제본소로 돌아가지 않으리라는 굳은 결심과 함께 부모가 쳐놓은 그물에서 벗어났다. 이후 패러데이는 화려하게 날아올랐고, 영국인이 지폐에 얼굴을 올릴 정도로 사랑 받는 과학자가 되었다.

우울증을 극복한
에이브러햄 링컨

링컨은 어린 시절에 어머니를 잃었다. 당시에는 살균 기술이 없어 독초를 먹은 소의 우유를 마시고 병에 걸리기도 했다.

그의 아버지는 온 가족을 데리고 블루밍턴의 숲에 들어가 나무꾼이 됐다. 링컨은 15세가 될 때까지 부친을 도와 나무 베는 일을 하다가 근처에 미인가 학교가 들어서자 처음으로 글을 배우고 책을 읽었다.

그는 글자에 굶주렸고, 고물상에서 구입한 책을 큰 소리로 읽었다. 그런 아들을 못마땅하게 여긴 아버지는 인부들이 보는 앞에서 억센 주먹으로 그를 때려 눕혔다.

그 길로 링컨은 가출했고, 숲속의 나무꾼이라는 그물에서 벗어났다. 읍내로 나간 그는 앤이라는 아가씨에게 마음을 사로잡혀 열정적으로 구애를 했고, 간신히 연인 관계로 발전했다.

그러나 앤은 모기가 옮긴 병에 걸려 죽었다. 앤의 죽음에 상심한 링컨은 하루에 8시간 이상 앤의 무덤에 가서 시간을 보내다가 우울함에 빠져들었다.

링컨의 친구들은 비가 오는 날이면 조를 짜서 링컨이 앤과 데이트를 하던 강변을 돌았다. 링컨이 자살할지도 모른다는 걱정 때문이었다. 극심한 우울증은 링컨을 책 중독자로 만들었고, 그는 책 속의 세계에 몰두했다.

그러던 어느 날, 링컨은 강도들에게 돈을 빼앗기고 그들이 놓고 간 마차에서 법전을 발견한다. 독학은 어려웠으나 링컨은 시험에 합격해서 변호사가 되었다. 그는 거기에서 그치지 않고 정계에 발을 들여 미국 제16대 대통령으로 당선된다.

그는 우울증에 굴복하지 않았고, 결국에는 이겨냈다. 죽음의 위협 앞에서도 굴하지 않는 강인한 리더십은 어차피 죽으면 앤을 만나게 될 것이라는 체념적 소망에 있지 않았을까?

허약한 몸을
극복한 사람들

건강한 육체에 건강한 정신이 깃든다고 한다. 그러나 종종 연약한 육체에 탁월한 정신이 깃들기도 한다. 우리는 이런 사람을 천재라고 생각한다. 그러나 그건 자신만의 세계에 빠져든 결과다.

루트비히 판 베토벤이 청력을 상실한 음악가라는 사실은 많이 알려져 있다. 청력이 상실된 고요한 세계에서 그는 음을 상상하며 악보에 음표를 적어나갔다.

작곡한 곡의 소리를 듣지 못하므로, 피아노를 치면서 음을 바꿔보는 일을 할 수 없었다. 그러나 고요한 침묵은 베토벤이 작곡에 집중할 수 있도록 만들었고, 그는 위대한 음악가로 설 수 있었다.

눈이 안 좋은 수학자들도 있다. 40대에 한쪽 눈을 실명했고, 이후 다른 눈까지 실명했던 수학자 레온하르트 오일러다. 그는 완전히 실명한 상태에서도 수학에 몰두했다.

자신만의 세계에 빠진 오일러는 실명이라는 신체의 연약함을 극복하고 페테르부르크 학술원에서 발간하는 잡지에 수많은 논문을 게재하는 기염을 토했다.

지독한 근시라서 칠판이 글씨를 읽을 수 없었던 앙리 푸앵카레는 칠판을 두드리는 소리와 선생님의 말을 통해 추측을 하며 필기했다. 상상력을 기반으로 연약한 육체의 그물을 벗어난 것이다.

상상력 훈련은 그에게 엄청난 영감을 심어줬다. 생각도 못 했던 수학 공식이 머리에 떠오르는 신비한 체험을 하기 시작한 것이다. 그는 하루 4시간만 공부했고, 남은 시간은 잠재력에게 맡겼다.

대부분의 사람은 연약한 신체를 핑계로 그물에 빠져든다. 나는 왜 이 모양으로 태어났냐고 한탄하며 일생을 보낸다. 그러나 이들은 그 연약함 너머에 탁월함의 세계가 열릴 수 있음을 보여주었다.

출신을 극복한
레오나르도 다 빈치

공부는 본질적으로 독학이다. '셀프 러닝'이란 말은 스스로 가르치고 배우는 것을 말한다. 수업을 듣더라도 스스로 익혀 자기 것으로 만들지 못하면 아무것도 남지 않는다.

누구나 인정하는 천재 레오나르도 다 빈치는 부친과 하녀의 부적절한 관계 속에서 태어났다. 서자라는 운명적 그물은 그를 옥죄었다. 부친은 그를 학교 대신 공방으로 보내 일을 시켰다.

체계적인 공부를 할 수 없었던 청년 시절의 다 빈치는 주의력 결핍 과다행동 장애의 양상을 보였다. 작품 의뢰를 받고는 완성하지 않고 다른 일을 시작하는 식의 믿을 수 없는 행동을 했다.

다 빈치는 밀라노의 스포르차 가문에 자리를 얻고자 이력서를 냈고, 스스로를 '경험의 학교'에 다녔다고 소개했다. 독학으로 자신을 키운 것이다.

피렌체에서 밀라노로 이주한 그는 과거의 주의력 산만을 극복하고 성장하여 대가의 풍모를 갖고 귀향했다. 그리고 세계적인 명성을 얻었다.

다 빈치에게 '경험의 학교'는 학벌이라는 경기장 밖의 보물찾기였다. 그는 경험(experience)의 힘을 알고 있었다. 그것은 엑설런스(excellence)의 다른 말이다.

experience	=	ex	+	peri(meter)	+	ence
(경험)		(너머)		(경계, 원둘레)		(갖는 것)

경험은 아는 것의 둘레 너머에 있는 것을 갖는 행위다. 그것은 나의 지식의 범위 밖에서 느끼고 깨닫는 진정한 배움이다.

실패의 굴레를 탈출하라

나는 고등학교 2학년 때까지 좋은 성적을 내지 못했다. 공부를 해도 성적은 오르지 않았다. 참고서를 살 형편은 안 되었기에 가끔 선생님들에게 오는 증정본을 받아 공부했다.

서울대 의대에 합격한 선배가 주는 수학 문제를 풀기도 했다. 선배가 주는 수학문제를 풀면서 수학에 재미를 붙였고, 그러던 어느 날 신기한 일이 일어났다.

3학년이 된 후 첫 모의고사를 보았는데, 주관식 문제를 척척 풀어서 전교 3등이 된 것이다. 전교 10등 안의 학생들끼리 모임을 가졌기 때문에 그들과 함께 공부했다.

하지만 대학입시에는 실패했다. 눈이 하얗게 온 날, 연탄가스를 마시고 시험장에 들어갔으니 당연한 결과였다. 부친은 재수할 돈이 없다며 알아서 공부하라고 했기에 일단 후기 대학에 들어갔다.

수석을 하면 전액 장학금을 받을 수 있으므로 일단 수석을 하기로 마음 먹었다. 그러던 차에 마음에 둔 후배에게 고백했지만 보기 좋게 퇴짜 맞았다.

작은 교회에 소문이 나고 창피하기 그지없는 상황이 이어졌다. 죽어버리고 싶은 마음이 들었다. 이 모든 것이 대학을 떨어진 까닭이라며 자책했다.

입시 실패와 실연이 동시에 찾아오니 정신이 하나도 없었다. 세상이 멸망하면 좋겠다는 생각이 들었다. 나는 이렇게 절망의 나락으로 떨어졌는데, 다른 사람들은 얼마나 행복할까? 이런 생각이 몰려들어 아무것도 할 수 없었다.

나는 이 극도의 우울을 떨쳐내야 했다. 어차피 망한 인생, 지구를 폭파시키자는 엉뚱한 복수심이 생겨났다. 누구는 행복하고 누구는 불행할 것 없이 모두 죽는 것이다.

그래서 나는 가장 강력한 파워를 낼 수 있는 원자력 전공을 선택했다. 원자력을 전공하는 사람 중에 이런 황당한 생각을 하는 이는 없겠지만, 당시의 나는 절망으로 비뚤어져 있었다.

문제는 지구를 폭파할 만한 위력을 만들려면 기초부터 공부해야 한다는 것이었다. 정규 수업 시간 이외에도 도서관에 가서 수많은 책을 읽으며 지식을 쌓아야 했다.

옛날 도서관은 분류표를 따라 카드 색인을 찾아서 사서에게 주면 책을 찾아주었다. 그리고 책 뒷면에는 언제 누가 책을 대출했는지 적는 공간이 있다.

내가 찾는 책의 뒷면을 보면 어김없이 대학 교수들의 이름이 보였다. 그들은 물리학에서 나름 명성이 자자한 사람들이었다. 나는 책을 찾으며 숨바꼭질하듯 그들이 가진 학문의 세계를 염탐했다.

가방을 무겁게 채우는 것도 모자라 손에는 항상 책을 몇 권씩 들고 다녔다. 짐이 되기도 하고, 김칫국물이 책에 묻을까 염려되어 작은 도시락에 밥만 꼭꼭 담아 다녔다.

점심은 4년 내내 학교 식당에서 파는 50원짜리 냉잇국, 아욱국, 미역국만 먹었다. 점심 식사를 마치면 공부를 했다. 하루 종일 도서관에 틀어박혀 공부만 하는 일은 여간 고된 일이 아니었다.

봄 축제 기간에 친구 하나가 쓰러졌다. 사설 도서실에서 공부하다가 뇌출혈이 생겼다고 했다. 긴 수술 끝에 생명은 건졌지만, 그는 기억상실증에 걸렸다.

그런 친구를 보면서 공부하다가 죽을 수도 있겠다고 느꼈다. 그래도 나는 지구를 폭파하는 것보다 공부하다가 죽는 게 사람들에게 유익한 일이라는 생각을 했다.

그래서 더 열심히 집중했다. 집중하면 점점 숨을 안 쉬게 되고, 머리에 열이 끓어오르는 것을 느꼈다. 이렇게 하다 보면 뭔가 번쩍하면서 두뇌의 모든 신경이 폭죽처럼 터질 것이라 기대했지만, 그런 일은 없었다.

대신 대출해서 읽는 책의 숫자는 하루하루 늘어갔고, 학교 수업과 무관하게 독학의 길을 걷게 되었다. 그러자 위대한 학문의 탑을 쌓은 사람들이 눈에 들어왔다.

나처럼 지구를 폭파하겠다는 말도 안 되는 꿈을 꾸는 멍청이와는 비교가 안 되는 탁월한 사람들이었다. 처음에는 이들을 나와 비교함으로써 더 큰 절망을 얻었다. 나는 멍청이라는 자괴감에 나날이 괴로웠다.

그런데 어느 날 도서관에서 얇은 책을 발견했다. 아인슈타인의 전기였다. 자타가 공인하는 천재 이야기를 읽으며 위로를 받았다.

그는 고등학교 때 아예 퇴학을 당했고, 대학입시 실패는 당연지사였다. 실연 빼고는 나와 비슷하거나 약간 더 못했다. 나는 고등학교는 졸업했으니 말이다.

아인슈타인은 대학교에서도 그다지 좋은 학생이 아니었다. 졸업은 간신히 했고, 친구 아버지의 도움으로 특허청에 취직했다. 여러 가지 정황으로 볼 때 탁월한 사람은 아닌 걸로 보였다.

그러나 아인슈타인은 기적의 해라 일컬어지는 1905년에 세 편의 논문을 발표했고, 그 논문들은 하나같이 세상을 놀라게 했다.

이런 일도 다 있구나, 절망하면 안 된다, 나도 할 수 있다. 이런 마음으로 나는 책이 누렇게 바래고 표지가 너덜너덜해질 정도로 갖고 다니며 마음을 다잡았다. 친구들이 취업 걱정을 할 때도 나는 눈 하나 깜짝하지 않았다.

한번은 공기업에서 시험을 봤는데 높은 성적으로 붙었다. 얼마 후 임원으로부터 특별한 코스를 마련할 테니 꼭 입사하라는 전화가 오기까지 했다.

하지만 나는 부친께 이 얘기를 전해드리며 취업은 하지 않겠다고 말했다. 부친은 매우 섭섭해하며 어떻게 살 것이냐고 물으셨다. 나는 나의 원대한 계획을 말했다.

취업은 안 할 것이고, 당연히 결혼도 안 할 것이다. 그 대신 1년에 딱 한 달만 막노동을 하겠다. 그때 번 돈으로 공부만 하겠다. 부친은 고개를 돌리셨다.

나는 공부에 헌신하겠다는 생각만 했다. 무인도에 가서 등대지기를 하면 좋겠다는 생각도 했다. 아무도 찾아오지 않는 고독한 장소에서 방정식을 푸는 모습을 생각만 해도 기분이 좋았다.

나는 비슷한 행동을 하는 친구를 발견했다. 당시 대학 신문은 과 수석의 이름을 올려 인터뷰도 했는데, 수학과에도 비슷한 친구가 있다는 것을 알게 되었다.

나는 사시사철 검은 옷만 입고 다니는 그와 친구가 되었다. 나중에는 의대 시체 안치소 위에 있는 도서실에서 공부를 했는데, 으스스한 분위기 탓에 친구들이 잘 안 찾아와서 좋았다.

지구를 폭파하겠다는 나쁜 생각으로 시작했지만, 결과적으로는 독학의 세계로 빠져들어 수많은 지성을 만날 수 있었다. 등대지기의 꿈과 맞바꾼 결과라고 볼 수 있다.

장난 삼아 친 카이스트 시험에 덜컥 붙어버렸다. 그것도 수석이었다. 대학에서 계속 수석을 하긴 했지만, 그것은 장학금을 받기 위함이었다. 카이스트에서도 국가장학금으로 공부했다.

돌아가신 부친에게 이렇게 황당한 녀석이 잘 살고 있다는 모습을 보여드리는 것만도 다행이라 생각한다. 돌아보면 젊은 날의 대책 없는 질주가 결국 온갖 그물을 다 뚫었던 것 같다.

나는 탁월함을 이야기하는 사람이지, 아직 탁월한 사람은 아니다. 그러나 나는 언제고 나를 둘러싼 그물을 뚫고, 경기장 밖으로 도약하려는 의지가 있기에 탁월함을 향해 매일 나아가고 있다.

결과가 아닌
과정을 중시하라

허준이 교수가 필즈상을 탔다고 한다. 그가 『학문의 즐거움』이란 책을 쓴 일본 수학자 히로나카 헤이스케의 아래에서 공부했다는 말을 듣고 기뻤다. 나도 그 책을 읽으며 감동했기 때문이다.

그 교수의 부친은 대학은 공부를 하지 않고도 붙는 천재들이나 가는 곳이라는 믿음을 가졌다고 한다. 그래서 그는 공부하는 모습을 들키지 않으려고 이불을 뒤집어쓰고 공부했다.

그래도 그는 배우지 못한 부모를 자랑스러워했다. 부친은 사업이 망하자 옛 직원들에게도 찾아가 물건을 팔았다고 했다. 부친은 체면 때문에 가족을 부양하는 책임을 버리지 않았다.

사실 이 대목을 읽으며 울었다. 나의 부친이 떠올랐고, 나도 똑같은 상황이 되면 자신의 체면을 앞세우기보다 가족을 생각하리라 다짐도 했다.

부친이 책임감을 가르쳤다면, 모친은 낙관주의를 가르쳤다. "죽고 사는 일 아니면 다 괜찮다."는 것이다. 사실 별것 아닌 일에 죽기 살기로 다투는 것이 평범한 사람인지라, 나는 헤이스케의 부모가 탁월한 사람이라고 생각한다.

허준이 교수는 강연으로 사람들의 마음을 사로잡았다. 그는 자신이 산수를 잘 못해 부친의 근심거리였다는 이야기도 했다. 천문학과에서 수학과로 옮기는 과정에서도 그는 좋은 성적의 학생이 아니었음을 고백하기도 했다.

지금의 그는 필즈상을 수상한 촉망받는 수학자이기에 이런 말들이 오히려 자랑스럽게 들리지만, 여태껏 그가 삶으로부터 받았을 마음의 고통이 느껴진다.

허준이 교수는 젊은 나이에도 인생을 진지하게 성찰한 것이 분명하다. 그는 경기장의 고통을 충분히 경험했고, 실패의 쓴맛도 보았으며, 마침내 경기장 밖으로 뛰쳐나가 탁월함을 이룬 사람이다.

탁월한 사람은
판을 만든다

지인들에게 탁월하다고 생각하는 사람이 누구냐고 물으면, 어김없이 테슬라의 머스크를 거론한다. 이유를 물으면 돈을 잘 벌어서라는 대답도 많지만, 새로운 판을 짜서 탁월하다고 생각한다는 답이 더 많이 들린다.

'새로운 판을 짠다'는 말은 여러 어휘로 등장했다. 블루오션, 게임체인징 등이 이에 해당한다. 블루오션은 경쟁이 덜한 새로운 세계를 발견하라는 말이다. 게임체인징은 한순간의 게임이 고수를 아마추어로 전락시키는 걸 의미한다.

머스크는 미래 자동차를 놓고 세계 각국이 경쟁할 당시에 일본의 하이브리드 자동차를 주목했다. 당시 일본은 하이브리드, 유럽은 그린디젤, 한국은 수소연료전지차로 경합 중이었다.

유럽의 디젤차가 압도적인 연비를 자랑하며 세계를 선도했지만, 얼마 안 돼서 그린디젤 게이트가 터졌다. 신용은 급락했고, 가성비로 인기를 끌던 어떤 브랜드는 가치를 잃었다.

그렇다고 하이브리드가 약진하고 있지도 않았지만, 이때 머스크는 일본의 전지 회사에서 원형 전지를 자동차 밑에 까는 것으로 일대 변혁을 이루었다.

그는 전지의 성능이 비약하는 시기를 정확히 포착했다. 코발트

함량을 줄이고 니켈 함량을 높이니까 배터리의 수명과 용량이 크게 증가한 것이다. 그렇게 머스크는 골프장에서 돌아다니던 카트를 넘어 고속도로를 달리는 진짜 전기차를 만들어내는 데 성공했다.

나는 프랑크푸르트에서 개최된 자동차 박람회에 참가한 적이 있다. 그린디젤 게이트가 터진 이후였기에 디젤차의 부스는 한가했다. 박람회 한 구석에는 테슬라 전시장이 있었다.

안내하는 사람 하나 없는 전시장에는 한 대의 전기차와 배터리가 깔린 널빤지 같은 바닥에 바퀴 4개가 달려 수레처럼 보이는 것이 전시되어 있었다.

그때 본 단순함과 낯섦은 잊을 수 없는 풍경이었다. 얼마 지나지 않아 테슬라는 전 세계 자동차 시장을 흔들었고, 머스크는 새로운 판의 주인공이 되었다.

새로운 판을 짜는 사람들, 그들은 산업의 영웅이다. 자신의 가슴 속에 불타오르는 정열을 다 바쳐 새로운 시대를 여는 판을 짠 것이다. 우연히 발견한 경기장 밖의 보물을 주워, 그 자리에 새 경기장을 지은 탁월한 사람들이다.

방탄소년단
이야기

영국에 가족을 두고 온 동료 교수는 가끔 영국 이야기를 한다. 영국 여기저기에 방탄소년단의 대형 브로마이드가 붙어있고, 소녀들은 어눌한 발음으로 "오바아⋯. 오바아⋯." 소리친다고 했다.

방탄소년단은 한국의 기업형 아이돌 키우기와 다소 다른 여정을 통해 성장했다. 평론가들은 방탄소년단이 흙수저라 불릴 만한 중소형 기획사에서 성장한 아이돌이라는 사실에 주목한다.

방시혁 PD는 2016년 5월 어느 날 방탄소년단 멤버들에게 편지를 썼다. 방탄소년단이 처음에는 뭔가에 짓눌려서 시선도 못 마주치는 주눅 든 소년들이었다고 회상했다.

그는 이들을 변화시키려고 했다. 그렇기에 다그치고 몰아세웠다. 일어나라고, 왜 멀리 못 보냐고, 왜 자신을 못 믿느냐고 소리쳤다. 비판적 냉소주의라는 그물에 걸려든 소년들은 소리를 지르며 그물을 흔들어도 더욱 거미줄에 얽혀들었다.

소년들은 그물에 걸린 채 흔들리며, 그물 밖의 세계는 너무나 멀어서 닿을 수 없는 영역이라고 생각했다. 그래서 소년들은 매일밤 잠을 설치며 고민했다.

거미줄이 흔들렸고, 그들의 몸과 마음도 흔들렸다. 마침내 방탄소년단의 진동과 방시혁 PD의 진동이 공진하기 시작했다. 이들은 거미줄보다 강한 힘을 찾아서 탈출에 성공했다.

방탄소년단이 비판적 냉소주의의 거미줄을 떠나던 날, 방시혁 PD는 예전과는 사뭇 달라진 그들의 눈동자를 보았을 것이다. 소년들은 방시혁 PD가 가르친 곳보다 더 멀리, 더 높이 뛰어올랐다. 거미줄을 걷어내고 방탄소년단이라는 아레테를 찾은 것이다.

방시혁 PD는 그들의 눈에 서린 불안이 절실함의 다른 얼굴임을 깨달았다. 그들의 표정은 변함없었지만 마음은 이미 변했다. 그들은 불안이라는 그물에서 절실함이라는 비상으로 날고 있었다.

이제 그물을 흔들 필요는 없다. 그물에 남겨진 소년은 한 명도 없기 때문이다. 방시혁 PD는 자신이 가르친 곳보다 더 먼 곳으로 날아가는 소년들을 바라보고 있다.

탁월함은 경계를 넘어선 것이다. 소년들은 자신 내면의 경계를 넘었고, 은사의 손끝이 그렸던 경계도 넘었으며, 이제는 세계인들이 어림잡는 경계조차 넘어간다. 탁월함은 이렇게 탄생한다.

방시혁 PD는 탁월함이 탄생하던 순간을 정확하게 기억했다. 그들의 불안한 눈동자는 이미 절실함으로 가득 찼지만 당시에는 눈치챌 수 없었다.

누구보다 절망했던 소년들이기에 그들은 자신들이 겪었던 심정을 진솔하게 노래한다. 그렇게 전 세계의 젊은이들의 마음을 흔든다. 이것이 탁월함이다.

2부

평범한 사람이
탁월해지기 위한
7가지 조건

평범한
평범한
평범한
평범한
평범한
평범한
평범한
평범한
평범한
평범한

여러분을 탁월함의 세계로 초대하겠다. 이곳에 들어가려면 여러 조건을 갖춰야 하지만 걱정할 필요는 없다. 여러분은 이미 조건을 갖추고 있다. 여태까지 사용하지 않았을 뿐이다.

대부분의 탁월한 자는 자신이 왜 탁월한지 잘 모른다. 탁월함을 추구했다고 생각하지도 않는다. 자연스럽게 살아왔을 뿐이고 운이 좋았다고 생각한다. 자신도 모르는 탁월함을 파악해내는 것은 쉬운 일이 아니다.

과학 분야의 탁월한 자로 노벨상 수상자를 꼽는다면, 이들에 대해 서술한 보고서가 몇 편 있다. 노벨상을 수상한 사람들의 일반적인 특성을 조사한 것이다.

그렇지만 자료를 살피는 과정에서 객관적 업적에 근거하고 일반화하기 위해 애쓰다 보면 그들이 업적을 달성하기 위해 행했던 노력에 대한 자료는 없다는 사실을 알 수 있다.

그 노력을 살펴볼 수 있는 길은 현재에도 살아있는 탁월한 사람 옆에서 밀착취재를 하거나, 이미 고인이 된 사람들의 평전을 읽으면서 찾아내는 것이다.

결국 인물을 선정하는 과정이나 사람을 바라보는 시각에는 주관적 요소가 작용하기 때문에 주관이 심하게 개입할 수밖에 없다. 그래서 당신만이 정의하는 탁월함의 조건이 될 우려가 크다.

그렇다고 여기서 그만둘 수는 없다. 어차피 탁월함의 조건에 대해 갑론을박하면 을박이 있을 것이고, 언젠가 이 주제가 완성되는 날이 올 것이기 때문이다. 그럼 이제 탁월함의 조건을 나열해보겠다.

심금을
울리는
통찰력

다 빈치는 화가이자 해부학자로서 인간의 눈에 관심이 많았다. 그는 자신의 노트에 이런 질문을 남겼다. "신은 왜 시신경을 온몸에 뿌려놓지 않고, 얼굴의 두 군데에만 놓았을까?"

참으로 절묘한 질문이다. 눈은 얼굴에 2개가 있어야 한다고 생각하는 당연한 상식에 딴죽을 건 것이다. 그의 탁월함과 천재성이 돋보이는 질문이다.

우리의 눈은 매의 시력과 비교하면 턱없이 약하고 부실하다. 안경을 써야 하는 입장에서 생각해보면 시력은 사람마다 다르다. 그렇지만 우리에게는 또 다른 눈이 있다.

바로 혜안, 즉 마음의 눈이다. 혜안은 집착을 버리고 차별의 현상계를 넘어서는 통찰을 할 수 있도록 만든다. 이면에 숨겨진 것, 보이지 않는 것을 보는 능력이다.

혜안이 열리면 마음속 거문고, 즉 심금이 울린다. 우리는 심금이 울리는 감동을 위해 먼 길을 마다하지 않고 여행을 가기도 하고, 전시회나 음악회에 참석하기도 한다. 감동은 막힌 길을 뚫어준다.

통찰력을 갖추지 못한 것은 그 어떤 사람도 감동시킬 수 없다. 통찰력은 마음속 깊은 곳에 있는 거문고 줄을 튕긴다. 그러면 온몸으로 반응하며 세상이 변한다.

그래서 통찰력은 제품 개발자에게 가장 필요한 역량이다. 소비자의 마음에 있는 깊은 아픔과 슬픔을 읽어 환희로 바꾸는 탁월한 제품을 만들어야 한다. 그러면 사람들은 온몸으로 반응하며 제품에 열광할 것이다.

시대의 아픔과 슬픔을 읽어낸다면 사상가가 된다. 그의 통찰은 새 시대를 열어갈 길을 만들 수 있는 운동을 이끌어낸다. 자연현상 너머에 있는 보이지 않는 작용을 보는 사람은 과학자가 된다.

눈에 보이지 않는 중력을 인지한 아이작 뉴턴은 역학을 새로 썼다. 그의 통찰력은 오늘날도 우리의 일상 구석구석에 적용되고 사람들을 감동시킨다.

모순을 읽는
통찰력

삶은 모순의 연속이다. 모순을 넘어야 어른이 되지만, 모순에 무감각해지면 노인이 된다. 육체의 나이를 넘어서는 비결은 모순을 직면하고 이를 해결하려는 강력한 문제 해결의 의지다.

자잘한 일상의 모순도 많지만 정말 큰 모순을 고민하는 것이 탁월함의 출발이다. 뉴턴의 고민은 '사과는 땅으로 떨어지는데 왜 달은 떨어지지 않는가?'였다. 둘 다 공중에 떠있지만 왜 하나는 떨어지고 하나는 떨어지지 않는가?

이 질문을 뉴턴만 고민했던 것은 아니다. 옛날 사람들은 천상에 투명한 천구가 존재하고, 별은 그곳에 붙어서 떨어지지 않는 것이라고 믿었다.

여기에 만족하지 않는 건 개인의 자유다. 하지만 불만족에 그치지 않고 모순을 적극적으로 해결하고자 노력하는 것, 그것이 탁월함이다. 위대한 과학, 위대한 사상, 위대한 예술은 모두가 이러한 통찰력에서 출발한다.

모순을 허투루 보지 않고 마음의 눈으로 읽어낸 뉴턴의 마음속에 거문고가 울렸다. 자나 깨나 그 생각에 몰두한 결과, 모든 사물 사이에 존재하는 이끌림의 힘인 만유인력을 알아냈다.

현대우주론이 발견한 우주 팽창은 패러독스에 기반한다. 별은 대부분 태양보다 더 밝다. 태양 하나만 떠도 대낮이 되는데, 어째서 밤하늘은 별이 무수히 많이 떠있는데도 어두울까?

미국의 천문학자 에드윈 파월 허블은 밤하늘을 관찰하던 중 우주가 팽창한다는 사실을 알아냈다. 우주의 팽창은 빛이 지구로 도달할 수 없는 환경을 만들어서 밤하늘이 어둡다는 것이다.

아인슈타인의 상대성 이론도 패러독스에서 출발한다. 사람들은 우주에 에테르라는 물질이 가득 있다고 믿었다. 만일 에테르가 어떤 방향으로 흐른다면 빛은 그 에테르의 흐름에 영향을 받아 속도가 달라져야 한다.

이 에테르의 흐름을 측정하고자 앨버트 에이브러햄 마이컬슨과 에드워드 몰리는 한 가지 실험을 했다. 하지만 그들의 실험은 빛의 속도는 일정하다는 결과만 도출했다.

아인슈타인은 빛의 속도에 대한 실험의 모순을 끈질기게 파고들어 상대성 이론을 발견했다. 에테르의 존재와 빛의 속도 사이의 패러독스는 결국 물체가 빛의 속도에 대해 상대속도로 운동함에 따라 시공간이 달라진다는 기묘한 진실을 밝혔다.

『과학혁명의 구조』를 쓴 토마스 쿤은 이론과 현상 사이의 모순을 혁명의 불씨로 보았다. 또한 혁명적인 이론이 마침내 모순을 극복하고 정상이론이 되는 것을 설명했다. 자연과학의 이해에서조차 사회학적인 역동성이 있다고 판단한 그의 통찰력은 사회학자들의 마음속 거문고를 울렸다.

세기를 뒤엎는 위대한 통찰력을 갖는 것에는 분명 행운도 필요하리라. 하지만 행운은 갑자기 오는 것이 아니고, 통찰력을 무수히 사용하는 가운데 도래한다.

통찰력으로
문제를 해결하라

아인슈타인은 빛의 속도에 대한 실험의 모순을 파고들었을 뿐만 아니라 생활 속의 불편을 들여다보고 발명도 했다. 흡수식 냉동기가 대표적인 사례다.

당시 냉동기에 들어가는 냉매는 냄새가 고약하거나 인체에 해로웠다. 냉매가 새기라도 하면 골치 아프기 짝이 없었다. 이 모든 문제는 압력을 높이는 데 필요한 컴프레서가 부실했기 때문이었다.

아인슈타인은 아예 컴프레서를 없애고 열로만 작동하는 냉동 장치를 개발해서 특허를 얻었다. 그는 우주 저 멀리에 있는 문제를 고민한 학자로만 남은 게 아니라 생활 속 모순을 파고든 문제 해결사였다.

생활 속 모순은 대부분 사물 사이의 갈등이다. 사물 사이의 보합성이 좋은 경우도 많지만, 서로 갈등을 유발하는 경우도 많다. 우리 조상들도 사물을 음과 양으로 나누고 이들이 서로 적절히 보합하는 것을 최고로 여겼다.

내가 아는 탁월한 교수들 대부분은 신기하게도 틀린 적이 거의 없다. 문제를 보면 곧바로 답을 맞춘다. 대단한 혜안이 아닐 수 없다. 그들의 혜안은 많은 수련을 통해 개발된 것이 틀림없다.

혜안을 이용한 문제 해결을 제시한 사람이 있다. 바로 헨리 알트슐러라는 러시아의 과학자다. 알트슐러는 스탈린 시절에 교육정책을 비난했다는 이유로 시베리아 형무소에서 유형 생활을 했다.

그는 추운 형무소에서 러시아의 특허목록을 놓고 이를 분석하며 특허를 만들어낸 결정적인 문제 해결의 유형을 조사했다. 그 결과 아주 간단한 원칙을 발견했다.

그것은 모순을 발견하고 조치를 취하는 것이다. 해결의 조치는 통상 발명기법에 등장하는 한데 붙이기, 미리 떼어놓기 등의 상투적인 것은 물론이고 더 나아가 눈에 보이지 않는 작용을 도입했다.

문제 사이의
갈등을 찾는 힘

보이지 않는 작용을 본다는 것은 대단한 신통력이다. 우리 조상들의 심신수련법에 등장할 법한 내용이다. 그러나 현대인들은 홍길동의 재주를 대부분 구사할 수 있다.

인터넷과 무선통신으로 천리안이 없어도 지구 전체를 볼 수 있으며, 비행기는 축지법을 능가한 지 오래다. 사이버 공간에서 다양한 둔갑술을 선보이기도 한다. 하지만 보이지 않는 것을 보는 심안은 부족하다.

자기장은 우리 눈에 보이지 않는다. 종이를 펴놓고 쇳가루를 뿌려야 비로소 자기장이 보인다. 자기장의 작용을 알고 나면 보이지 않는 힘을 보이는 것처럼 활용할 수 있다.

급하게 써야 하는 바늘을 들고 가다가 갑자기 건초더미에 떨어뜨렸다. 분명 눈에 보여서 뒤졌는데, 어느새 쏙 하고 더 안쪽으로 들어갔다. 어떻게 해야 할까?

이는 알트슐러가 주장하는 문제 해결 방법에서 가장 빈번히 등장하는 예제다. 이 문제에 사물 사이의 갈등이 있다. 바로 가느다란 바늘과 건초더미 사이의 갈등이다.

건초더미는 무수한 빈 공간을 만들어내기 때문에 바늘을 붙잡아주지 못한다. 해답은 간단하다. 자석을 들이대면 된다. 바늘은 자석의 힘에 이끌리지만 건초더미는 자석에 반응하지 않는다.

둘 사이의 갈등이나 모순에 제삼자를 개입시키는 예시다. 갈등을 자세히 분석해 특정 물건에만 반응하는 보이지 않는 작용을 찾아낸 것이다.

답을 알고 나면 싱겁고, 어쩌면 문제를 보는 순간 자석을 생각했다고 자부심을 느낄 수도 있다. 하지만 그냥 직관적으로 자석을 생각한 것과는 사뭇 다르다. 문제를 해결하는 방법적 구조가 존재하기 때문이다.

이 간단한 예제는 우리에게 문제를 해결하기 위해 보이지 않는 제삼자를 도입하는 방법을 가르쳐준다. 보이지 않는 제삼자에 대한 깊은 이해가 필요할 뿐만 아니라 문제에 존재하는 갈등을 알아내는 이 모든 과정에 바로 통찰력이 작용해야 한다.

남들과 다르게 봐야 한다

우리의 눈에는 인식하는 빛의 파장대가 있다. 그래서 눈의 조리개가 처리할 수 있는 범위를 벗어나면 볼 수 없다. 결국 우리의 크기는 시야의 크기다.

초정밀과 초광대를 동시에 보는 능력을 갖춘 사람은 남다르다. 이는 탁월함의 가장 중요한 조건이다. 인류는 여태까지 남이 보지 못하는 것을 보는 사람, '비저너리(visionary)'들이 이끄는 곳으로 달려왔고, 지금도 달려가고 있다.

〈행복한 사람〉이라는 노래의 가사 중 '울고 있나요. 당신은 행복한 사람…'에는 통찰력이 있다. 울고 있지만 행복하다고 말하는 역설에는 남은 별을 찾을 수 있는, 즉 자신의 이상을 바라보는 두 눈이 있기 때문이다. 생의 절절한 고통에서 깨달은 지혜다.

통찰력이 있는 사람은 모두가 바라보는 곳이 아닌 다른 곳을 본다. 모두가 똑같은 방향을 주목할 때 자신만의 목표를 바라보는 것, 그것이 통찰력이다.

통찰력이 없었다면 거북이는 모든 면에서 자신을 능가하는 토끼와의 경주에 나서지 않았을 것이다. 하지만 거북이는 산 위의 나무라는 매력적인 목표를 보았다. 그것 하나면 경기는 성립한다.

미국의 우주 왕복선이 폭발했을 때의 일이다. 모두가 원인 규명에 열을 내고 있었는데 물리학자 리처드 파인만은 이미 답을 알고 있었다. 조그만 튜브 하나가 터진 것이 폭발의 원인이었다.

그는 얼음이 든 탄산음료에 튜브를 담아 회의장으로 왔다. 토론이 한참 진행되었지만 갑론을박이었다. 그때 그는 자신의 컵을 들어서 튜브를 꺾었고, 튜브가 부러졌다.

튜브가 잘 작동하려면 상온이어야 하는데, 우주 왕복선이 발사되던 날의 기온은 거의 영하였다. 파인만은 차가워진 튜브를 꺾음으로써 그 사실을 사람들에게 알렸다.

이 미세한 문제를 알아낸 통찰력은 그가 학창시절에 원자폭탄을 만들기 위해 맨해튼 프로젝트에 참여했을 때도 유감없이 발휘하던 능력이었다. 파인만은 엔지니어들의 문제점을 누구보다 잘 알고 있었던 사람이다.

모두들 입을 모아 앞으로 전기자동차 시대가 올 것이라고 한다.

또한 이차전지를 개발하는 것이 가장 중요하다고 외친다. 하지만 통찰력을 갖고 살피면 이차전지 못지않게 중요한 것이 있다.

바로 냉난방이다. 지금처럼 화석연료를 쓰는 자동차에서는 냉난방을 가동하기 쉽지만, 전기자동차는 다르다. 냉난방에 쓸 전기를 공급하기 위해 무거운 배터리를 추가로 장착해야 한다.

전기자동차의 냉난방을 걱정하는 것, 이것도 다른 곳 바라보기의 간단한 예시가 아닐까? 통찰력은 막다른 골목을 미리 알려준다.

이상 시인의 〈오감도〉에 나오는 제1의 아해에서 제13의 아해까지 모두가 무섭다고 했던 그 길은 막힌 길이다. 그 이유 있는 무서움을 느끼게 만든 것이 바로 통찰력이다.

이제 경쟁이라는 막다른 길을 바라보는 것, 그것이 가장 큰 통찰력이다. 무한경쟁 시대라는 무서운 말을 들으면서 무한경쟁 밖으로 나가는 해탈의 길을 찾아내는 눈, 통찰력을 갖추면 탁월한 사람이 될 수 있다.

창조적 융합은
발전의 기본

　지식 정보화 시대가 한창이다. 이제 똑똑한 사람과 스마트폰을 든 사람 사이의 경계가 무너지고 있다. 쏟아지는 정보 속에서 지식을 추출하는 힘이 지혜다. 그렇지만 우리는 지식에 눌려 지혜의 희미한 빛마저 상실하고 있다.

　21세기는 융합의 시대라고 한다. 융합은 서로 다른 분야끼리 만나고 충돌하는 것에서 시작된다. 이 생소함은 새로운 해석과 이해를 주기 때문이다. 융합의 시대를 살아가기 위해 전공의 울타리를 넘나드는 기술을 익힐 필요가 있다.

　하나의 전공을 익히기도 벅찬데, 다른 곳에 한눈을 파는 것에 대해 아마 적지 않은 거부감이 들 것이다. 하지만 모든 발전은 융합에서 이루어졌다.

　융합은 생명체가 자연의 위기를 극복해온 가장 핵심적인 기술이다. 여왕개미는 다른 개미들과 거의 동시에 하늘로 날아올라 새로운 유전자를 융합함으로써 종의 강인성과 새로움을 얻는다.

　자신의 전공 영역에만 침잠한다면 제2차 세계대전이 끝난 후에 정글에서 발견되는 일본군처럼 비참한 결말을 맞을 것이다. 분야를 넘나드는 열린 생각에서 창조정신이 꽃핀다.

　요즘 스토리텔링이 인기다. 스토리텔링의 핵심적 기술 중 하나는 '새롭게 보이기'다. 모두 아는 『춘향전』도 생전 처음 듣는 것처럼 말해주는 것이다. 이 신선함과 생경함은 그 이야기의 주류적 해석에서 일탈하는 것에서 생긴다.

익숙한 것을 낯설게 보기는 매우 중요하다. 자신의 전공 영역에서는 당연한 상식인 것을 처음 보고 듣는 것처럼 낯설게 보는 것만으로도 상식은 충분히 새롭게 다가온다.

하지만 낯선 것을 익숙하게 보는 것도 중요하다. 다른 전공의 지식을 접할 때 포기하는 경우가 많다. 문과 출신은 말만 많고 머리가 아파져서 대화를 그만둔다는 엔지니어가 수두룩하다.

그렇지만 어느 세미나에서 오고 간 대화를 보면 생각을 바꾸게 된다. "뿌리가 떠 있습니다." "작은 씨앗 같은 것이 3개가 올라옵니다. 그리고 이것이 서로 얽혀 올라가서 죽순처럼 되는데요." "거 아주 튼실하구먼."

이쯤 되면 귀농한 사람들이 모여서 새로운 품종을 키우는 법을 의논하는 것 같다. 하지만 사실 마이크로웨이브로 만드는 플라즈마 토치 개발과 관련된 대화다.

전문적인 부분에서조차 사람들은 자신의 경험을 근거로 이해하려 한다. 그러므로 로봇공학에서 익힌 지식과 방법론으로 다른 분야를 이해하려는 시도만으로 충분하다.

로봇공학 자체에도 인류의 새로운 진리를 찾기 위한 온갖 노력과 방법이 녹아 있기 때문이다. 그래서 다른 분야가 낯설지라도 자신의 분야의 방법과 지식을 갖고 익숙하게 보는 것이 중요하다.

익숙한 것을 낯설게 보는 것과 낯선 것을 익숙하게 보는 것. 이 마술 안경으로 우리는 여러 분야를 두루 살펴볼 수 있다. 그렇게 로봇에 새로움을 덧입힐 수 있다. 서로 다른 분야를 융합한 안목으로 개발되는 로봇은 훨씬 친인간적이고 친환경적일 것이다.

분명 우리의 미학은 그 중간의 어딘가를 서성일 것이다. 익숙한 것과 낯선 것의 어느 중간에 미래를 열어갈 해답의 문이 있다. 그 문을 조용히 열고 융합의 새 길로 들어서자.

편견에
얽매이지 않는
괴짜 정신

앞서 눈에 보이지 않는 것을 인식하는 통찰력의 중요성을 말했다. 남들이 보지 못한 것을 본 사람은 말과 행동이 달라지기 마련이다. 그 과정에서 대부분 주변의 오해를 산다.

오해를 받는 게 두려워 자신의 통찰력을 숨기면 성장할 수 없다. 오랜 시간이 흐르고 나면 오해가 풀리고 그러한 통찰력 덕분에 성공했다고 칭송받는다.

남들에게 이해받지 못하는 사람은 괴짜 취급을 받는다. 당신이 괴짜라는 소리를 들었다면 일단 안심하라. 왕따를 당했다면 더 안

심하라. 적어도 당신은 일반인이 기대하는 것을 벗어났다는 증거다. 이미 경쟁의 줄에서 이탈할 준비가 된 것이다.

명제의 역이 참인 경우도 있지만 아닌 경우가 더 많다. 어느 강연에서 재즈 예술가가 말했다. 그는 "예술은 사기다."라는 말의 의미를 진지하게 설명했다. 그의 강연을 듣던 사람들은 예술은 사기라는 말에 동감하기 시작했다.

그러던 중에 그가 던진 반전의 한 마디로 사람들은 웃음이 터졌다. "저희 아버지께 예술이 사기라고 말씀드렸더니 한 마디 하시더군요. 그렇다고 사기가 예술은 아니잖아, 이놈아."

참으로 지당하다. 괴짜가 탁월함의 조건이라고, 모든 탁월함이 꼭 괴짜라는 형태로 나타날 이유는 없다. 모범생 중에 탁월한 사람도 많다. 행동으로 드러나는 것만 없을 뿐이지, 그의 마음속에는 분명 괴짜 같은 면이 있을 것이다.

물론 얼간이 중에도 탁월한 사람들이 있기는 하다. 교수 중에도 얼간이 교수들이 있다. 한 가지 일만 하다 보니 당연한 일조차 하지 못한다.

그들은 툭하면 방에 열쇠를 두고 문을 잠그고 나온다. 그리고 수위 아저씨에게 문을 열어달라고 사정사정한다. 수업시간을 잊기도 하고, 제자의 이름을 잊는 일도 수두룩하다.

꾸며낸 이야기로 들리겠지만 정말 이런 사람들이 많다. 저런 사람도 무엇인가 이루는 모습을 보고 있자면 나도 가능성이 있다며 안심하기도 한다.

빈틈 없어야 할 것 같은 사람이 환하게 웃으면서 "저는 원래 이 지구라는 푸른 별에 살기에 부적합한 인간입니다. 용서하세요." 하면 절로 웃음이 터진다.

괴짜가 되려면
어떻게 해야 할까?

괴짜가 되는 간단한 방법이 있다. 일단 남이 하는 것 중에 하나를 이유 없이, 아니면 남들이 인정해주지 않는 이유로 하지 않는 것이다. 그러면 사람들은 당신을 이상하다고 생각한다.

뭐든지 척척 해내는 사람도 괴짜지만, 남들에게는 전혀 문제가 되지 않는데 못하는 사람, 안 하는 사람도 괴짜다. 자기 통제가 분명한 사람이다.

술을 못하는 한 친구는 항상 핑계를 댄다. 예전에는 술 마시며 밤새 이야기하는 것이 취미였는데, 어느 날 심장이 벌렁벌렁 뛰더라는 것이다. 의사에게 가보니 알코올 과민 반응이란다. 당연히 술을 권할 수 없기에 그는 한 잔도 마시지 않는다.

이렇게 허울 좋은 변명을 하면, 그는 더 이상 괴짜가 아니다. 괴짜는 설명을 못한다는 것이 문제다. 간혹 설명을 하긴 하는데 이해할 수 없는 경우가 있다. 그러면 우리는 그를 괴짜라고 부른다.

헨리 캐번디시라는 과학자가 있었다. 캐번디시 역시 알아주는 괴짜였다. 여성기피증이 있어서 여성들과 얼굴을 마주치지 않기 위해 몹시도 애를 썼다. 심지어 집에서도 하녀들과 마주치지 않기 위해 자신만의 계단을 따로 둘 정도였다고 한다.

그는 거액의 재산을 상속받아 연구소 하나를 설립했다. 지금도 캐번디시 연구소는 세계적인 연구 결과를 쏟아내는 과학계의 황금알을 낳는 거위다.

여성기피증과 업적이 무슨 연관이 있을까마는 캐번디시는 자신만의 삶의 방식을 지속적으로 유지해 당대 사람이나 후대 사람에게도 이상한 사람이란 느낌을 지울 수 없게 했다.

불균형을 표방하는 모습도 당사자를 괴짜 대열에 끼워 넣는다. 이를테면 갓을 쓰고 영어를 하는 식이다. 단재 신채호 선생 역시 당시 사람들에게는 괴짜였다.

그는 자신만의 방식으로 영어를 배웠는데, 한자를 읽을 때처럼 '하여슬람'과 같은 말을 여기저기 넣어 읽었다고 한다. 발음도 독특해서 'Neighbour'를 '네이그바우어'라는 식으로 발음했지만 어려운 원서를 술술 읽었다고 한다.

미국에는 아직도 말이 끄는 마차를 타고 다니는 '아미쉬'라는 사람들이 있다. 그들은 현대 문명을 받아들이지 않는다. 전화기도 마을에 한 대만 놓고, 고대 독일어로 예배를 드린다.

그러나 그들에게 반(反)문명자냐고 물으면 고개를 젓는다. 자신들은 아직 현대 기술 문명을 평가 중일 뿐이라고 대답한다.

전화기도 필요성은 인정하지만 그것이 끼치는 사회적 폐해에 대해 고민 중이라고 한다. 전화기 때문에 사람들이 직접 얼굴을 마주하지 않게 된다는 것이다.

앞서 언급한 사례들 모두가 고집스럽게 자기 스타일을 지켜내는 면에서 일치한다. 고집을 부리면 망하거나 흥한다. 모 아니면 도인 것이다.

괴짜의
차이는 뭘까?

괴짜는 평범한 사람의 기준을 이탈한 사람, 괴상한 사람을 의미한다. 평범함을 존중하는 것과 평범함을 거부하는 태도 사이에 괴짜가 존재한다.

그들은 자신만의 방식을 지키기 위해 불편을 감수하기도 하고 남들의 오해를 감수하기도 한다. 얼핏 보면 지혜롭게 살지 못하는 사람에 불과하다.

자신의 스타일을 고수하다가 모든 공모전에서 낙방했던 프레젠테이션 컨설턴트가 있다. 그는 당시 유행하는 발표 기법과는 사뭇 다른 발표 기법을 고수했다.

평가자들은 생소한 기법 때문에 발표에 내용이 없다고 생각했다. 수많은 데이터와 도표로 가득한 빽빽한 발표물이 범람하던 시절이니 더욱 그랬다.

하지만 그가 타인의 평가에 연연해 맞춰나갔다면, 그만의 독특한 스타일은 사라졌을지도 모른다. 항상 평가자의 시선을 쫓아가며 시류를 따라 경쟁하는 선수에 불과했을 것이다.

왜 괴짜여야 하는가? 답은 간단하다. 자신을 지키기 위해서다. 곤충으로 말하자면 괴짜는 아주 작은 더듬이와 짧은 팔다리를 갖고 있는 갑충류다.

풍뎅이를 잡아 뒤집어놓으면 바동거리는 모습이 일품이다. 책상에서 떨어지면 한참을 죽은 듯이 있다가 갑자기 몸을 뒤집어 아무 일 없던 것처럼 유유히 걸어간다.

등에 있는 강력한 껍질이 상처가 나지 않게 막아줘서 멀쩡한 것이다. 강력한 갑각은 몸을 찔러대는 주변의 공격을 막는다. 그래서 자신의 길을 걸어갈 수 있다.

괴짜는 누가 뭐라고 해도 자신의 스타일을 지켜낸다. 욕을 하든, 점수를 안 주든, 취직이 안 되든, 결혼을 못하든 상관없다. 묵묵히 자신의 스타일을 유지한다.

누군가는 이를 그냥 고집도 아니고 '똥고집'이라고 표현할지도 모르겠다. 굳센 고집은 문제가 될 수도 있지만, 통찰력을 가진 사람의 고집은 탁월함의 조건이 된다.

누군가는 이렇게 말하기도 한다. 바보는 골치 아프다. 그런 바보가 고집이 세면 정말 골치 아프다. 그런데 바보가 고집도 세고, 부지런하기까지 하면 최악이다.

맞는 말이다. 문제는 어떤 바보냐는 것이다. 주변에서 바보라고 말해도 통찰력을 갖고 먼 미래의 가치를 보는 사람이라면 쓸데없는 고집을 부리는 바보가 아니다.

개성은
탁월함의 조건

수많은 생명체들은 나름대로의 독특한 스타일로 살아간다. 그들은 자신의 생김새에 맞는 생활 방식과 먹이를 찾으며 살고 있다. 생물체에게 탁월함은 무엇인가? 그것은 오랜 세월 동안 살아남는 종족 보존이다.

상어나 악어의 탁월함은 그토록 오랜 세월을 자신의 스타일로 살아남았을 뿐만 아니라, 지금도 먹이사슬 상단의 절대 지존으로 남아 있다는 점이다.

악어의 짧은 다리를 보면 그들은 별로 위험한 존재가 아닌 것 같다. 하지만 물속에서는 놀라운 추진력과 강력한 턱의 힘, 그리고 꼬리의 타격 때문에 위협적이다. 이런 설계 덕분에 그들은 오늘날까지 살아남았다.

사실 우리 인간은 모두 괴짜다. 지하철을 타고 앞자리에 앉은 사람을 보라. 같은 옷을 입은 사람을 찾기 어렵다. 옷에서만큼은 어떻게 해서라도 달라야 한다. 그렇게 자신을 드러내는 것이다.

옷도 튀면 괴짜 취급을 받는다. 대학생이 고등학교 교복을 입고 다닌다면 분명 괴짜 취급을 받을 것이다. 가끔 하루 정도 옛 추억을 되새기려고 고등학교 교복을 입고 오는 경우가 있겠지만 매일 입는 학생을 보기는 정말 어렵다.

그런데 그런 학생이 있었다. 서울대학교 법학과를 다니는 그는 고등학교 교복을 입고 다녔다. 그 괴짜가 바로 가야금의 대가 황병기 선생이다.

아무도 눈길을 주지 않는 옛 악기를 향해 나아가는 외로운 길을 고등학교 교복이라는 갑옷으로 지켜냄으로써 가야금의 독보적 존재가 될 수 있었다.

일본 사무라이의 전설인 미야모토 무사시는 자신의 검술에서 고유의 스타일을 만들어냈다. 여타 사무라이들과는 다르게 쌍칼을 들고 덤벼드는 그는 괴짜였을 것이다.

남들과 다른 스타일은 전투에서 승리를 안겨주었다. 물론 수많은 실전에서 터득하고 개발한 결과지만, 자신이 겪었던 위험을 토대로 초보자도 승리를 쟁취할 수 있는 견고한 비기를 만들었다.

차별화는 경쟁력의 상징이다. 남과 같으면 쓰러진다. 대학 개혁에서도 변함없이 등장하는 것은 차별화다. 우리나라 대학생들이 얼마나 고만고만했으면 차별화를 요청할까?

평준화라는 말은 들쭉날쭉한 것을 없앤다는 건데, 실력을 평준화하는 것까지는 이해해도 모두가 똑같은 건 이해할 길이 없다.

간혹 많은 학생들이 수업을 신청해 여러 교수가 분반해서 강의하면 꼭 한 명은 이런 말을 한다. "학생들이 모두 같은 수준의 강의를 들어야 하므로 강의 내용을 통일시켜야 한다."

그러고는 진도와 시험문제 등을 전부 공정하게 만들자고 외친다. 하지만 정말 이렇게 한다고 해서 강의가 균일하게 이루어질까?

균일한 강의를 실천하는 방법은 간단하다. 한 사람이 강의를 하고, 이를 녹화해 인터넷으로 강의를 듣게 하는 것이다. 그러면 교수가 누구인지에 따른 차이가 없을 것이 아닌가?

같은 책을 쓰더라도 강의자에 따라 그 맛이 다른 것이 자연스러운 일이건만, 모두가 같은 것을 들어야 한다는 환상으로 온갖 평준화 제도를 만들어낸다. 나는 균일한 강의를 하는 로봇이 아니므로 이런 상황이 벌어지면 어김없이 강의를 반납한다.

하지만 우리 사회에는 튀는 것을 용납하지 않는 문화가 자리하고 있다. 겉으로는 차별화를 요구하지만, 실질적으로는 모두가 같아지는 평준화를 요구한다.

정말 차별화를 실천한다면 왕따를 당하고, 온갖 핍박을 받아야 한다. 예술을 하는 사람들 가운데는 머리를 박박 밀거나 수염을 기르거나 하는 식으로 자신의 스타일을 만들어내는 사람이 많지만 직장인에게는 여간 어려운 일이 아니다.

일관된 태도가
중요하다

임마누엘 칸트는 시계처럼 살아간 사람으로 유명하다. 마을 사람들은 그가 산책 나오는 것을 보고 시계를 맞췄을 정도라고 한다. 그의 삶이 일정하게 유지된 것에는 나름대로의 스타일링과 이를 유지하는 고집이 작용했기 때문이다.

칸트의 기상은 매우 강압적으로 이뤄졌다. 시종은 그를 깨울 때만큼은 단호할 수 있었다. 제시간에 일어난 칸트는 수면용 모자를 쓴 채 서재로 가서 담배를 2대 피웠다.

그러고 나서 차를 마시고 글을 썼다고 한다. 그의 아침 풍경은 사제의 새벽과 다름없었다. 칸트는 아침 5시부터 8시간 동안 계속 일해 우리가 통상적으로 일하는 시간을 다 채웠다.

그러고는 어마어마하게 긴 시간의 점심식사 내내 온갖 이야기를 나누었다. 식사를 마치면 산책하고 돌아와서는 글을 읽고 잠을 청하는 규칙적인 생활을 했다.

게다가 그는 이 생활을 방해받지 않도록 여행을 극도로 삼갔다고 한다. 얼마나 여행을 가지 않기로 결의하고 살았는지는 칸트의 교수 임용 시기를 보면 알 수 있다.

위대한 지성인 칸트에게 유럽의 다른 도시로부터 교수 제의가 쏟아졌지만 그는 고향을 떠나지 않았다. 그가 사는 도시의 대학에는 칸트를 싫어하는 교수들이 있어, 50세가 될 때까지 교수 자리를 얻지 못했는데도 말이다.

스타일을 지속하지 않으면 변덕쟁이가 된다. 괴팍함이 변덕과 합쳐지면 최악이다. 변덕은 사람들이 가장 경계하는 것이다. 이상한 사람은 견딜 수 있지만 변덕스러운 사람은 견딜 수 없다. 언제 또 어떻게 달라질지 모르기 때문이다.

기분이 좋아서 다 들어줄 것 같다가도 금세 낯빛이 바뀌어서 펄펄 날뛴다면 어떻게 같이 일을 할 수 있겠는가? 하지만 불행하게도 우리 주변의 괴팍한 사람 대다수는 변덕스럽다.

일관된 괴팍함이 유지되는 비결은 한 가지다. 무엇을 이루는 데 괴팍함이 꼭 필요한 경우다. 일관된 괴팍함이 아니라면 차라리 고치고 좋은 습관으로 나아가는 것이 좋다.

일관된 괴팍함은 탁월한 존재들이 갖고 있는 중요한 요소로 등장한다. 발자크는 오늘날까지 많은 문인들을 자극하는 괴짜다. 그는 낮과 밤이 뒤바뀐 생활로 유명하다.

게다가 정신의 연료라고 하면서 엄청난 양의 커피를 마셨는데,

이런 생활이 건강에 좋을 리는 만무하다. 하지만 자신의 세계를 구축하기 위한 인생의 방법은 괴팍하면서도 탁월하다.

정민 교수가 쓴 책 『미쳐야 미친다』에는 우리 선조들 중 정말 광인 취급을 받을 만큼 괴팍한 사람들의 이야기가 나온다.

일정한 경지에 도달하기 위해 미쳤다는 취급을 받을 만큼 정상 궤도를 이탈한 사람들 말이다. 유배지에서 반신불수가 될 정도까지 글을 쓴 다산 정약용을 비롯한 수많은 선인의 이야기는 탁월함의 조건으로 괴팍함을 권하는 좋은 예다.

괴팍함을 위한 괴팍함이 아닌, 탁월함을 위한 괴팍함을 가져야 한다. 탁월함을 위해 스스로 불편을 감수하고 끝없이 무언가를 하는 것은 탁월함을 위한 노력의 생생한 흔적이다.

어쩌면 그 불편이 전혀 불편하지 않은 상태가 되었을 때가 추구하던 탁월함의 모양이 서서히 드러나기 시작하는 순간이 아닐까 생각한다.

탁월한 괴짜는
치장하지 않는다

괴짜에 대한 소문은 정말 빠르게 퍼진다. "발 없는 말이 천리를 간다."라는 말이 실감날 지경이다. 오늘날 인터넷을 타고 떠도는 수많은 가십거리는 괴짜들의 이야기로 가득하다.

『보랏빛 소가 온다』의 저자 세스 고딘은 탁월한 제품의 조건으로 입소문을 탈 것을 들었다. 그는 광고 위주의 마케팅을 비판했다. 정보 과잉의 시대에 사람들은 번드르르하게 치장된 광고에 현혹되기보다 믿을 만한 친구의 귀띔을 더 신뢰한다는 것이다.

입소문은 어떻게 나는가? 그것은 뛰어난 가치가 바람을 타고 퍼지는 것이다. 그는 『보랏빛 소가 온다』에서 입소문에 대해 다음과 같이 말하고 있다.

"라이트하우스는 광고를 하지 않는다. 라이트하우스에 근사한 웹사이트가 있는 것도 아니다. 라이트하우스는 옥외광고나 TV광고도 않는다. 왜냐하면 그럴 필요가 없기 때문이다. 평범한 사람들을 위해 평범한 음식을 만든 다음 광고로 손님을 끌어들이는 것이 아니라, 탁월한 제품을 만드는 데 모든 노력을 기울인다. 그 맛을 본 사람들이 자기 친구들에게 소문을 퍼뜨린다."

그는 책 제목에 '보랏빛 소'라는 단어를 사용한 이유에 대해 말하고 있다. 들판에서 한가로이 풀을 뜯는 소처럼 단조로운 광경에

보라색 소가 나타나면 우리 눈은 휘둥그레질 것이다.

그게 바로 탁월함이다! 제품이 초원에 갑자기 등장한 보랏빛 소처럼 색다르다면 시장을 지배하는 것에는 전혀 문제가 없다. 그래서 광고에 힘쓰지 말고 제품 자체의 탁월한 스타일링을 신경 쓰라는 것이다.

고딘은 탁월한 제품의 예시로 '더치 보이'라는 페인트 회사를 들었다. 그들은 금속으로 된 페인트 통을 쓰기 좋게 플라스틱으로 바꾼 것에서 차별화를 실천했다.

운반하기 쉽고, 따르기 쉽고, 닫기 쉬운 새로운 용기를 탄생시킨 것이다. 소비자들은 금세 이 제품의 탁월성을 인식하고 열광하기 시작했다.

나 자신은
최고의 가치

나만의 스타일을 갖추는 것은 경쟁력의 요체다. 20세기에는 유행을 따르고 대세를 따르는 것이 미덕이었다. 하지만 대량생산의 시대였던 20세기와 다르게 21세기는 개성의 시대다.

인류는 이제 탈(脫) 표준화의 시대를 걸어가고 있다. 다양한 가치의 공존을 꿈꾼다. 이런 시대에 '나'는 최고의 가치이자 상품이다.

잡스는 바로 이 '나'라는 가치를 들고 우리 앞에 나타났다.

아이폰, 아이팟, 아이패드의 'I'는 과연 무엇을 의미하는가? 바로 '나(I)'라는 가치다. '나는 폰을 하고(I phone), 나는 팟을 하고(I pod), 나는 패드를 한다(I pad).'는 것이다.

잡스가 디자인은 바로 행동이라고 역설하지 않았던가? 그는 자신의 생각을 제품의 이름에 담았다.

핵가족 시대를 살아가면서 '우리'라는 의식도 희박해지고 있다. 저출산은 바로 우리에서 '나'로 의식의 전환이 일어난 대표적인 사회현상이다.

가족을 위한 삶보다는 나의 삶에 무게가 실린다. 더 이상 가족을 위해 무조건적으로 희생하지 않는다. 어깨가 부서지도록 일하며 자식을 키웠던 부모 세대와는 사뭇 다른 시대가 온 것이다.

이제 새로운 가치를 만들어내야 한다. 우리는 모두가 괴짜가 된 시대를 살아간다. 모두 비정상이고, 모두 희한하고, 모두 외롭다. 이 괴짜의 시대는 탁월한 나, 나다운 나를 추구한다.

자기다움은 남을 이겨 내가 높아지는 것이 아니다. 바다에 다양한 물고기가 살고 있는 것처럼 자신에게 걸맞는 환경에서 목적에 맞게 사는 것이 바로 자기다움이라는 탁월함이다. 이름을 걸어도 부끄럽지 않은 삶을 살도록 하자.

발전의
발판이 되는
결핍

　남과 비교해보면 한없이 작아지는 자신을 발견하고 절망하는 사람들이 많다. 못 배운 것, 가난하게 태어난 것, 부모가 없는 것, 출신이 낮아 무시당하는 것처럼 이루 헤아릴 수 없이 많은 한이 있고, 우리는 이에 대해 탄식한다.

　하지만 오히려 부족하기 때문에 발전하는 사람도 있다. 그들의 성공에는 언제나 결핍이 자리하고 있다. 결핍은 탁월함에 도달할 수 있는 결정적인 조건이 된다.

　모든 것이 갖추어진 사람이 대단한 일을 이루는 경우보다 열악한 상황에서 위대한 사람이 탄생하는 경우가 훨씬 많다. 위대한 발명의 대부분은 차고나 헛간에서 이루어졌기 때문이다.

비행기, 로켓, 퍼스널 컴퓨터 등 탁월한 발명들이 시시한 재료로 시시한 장소에서 만들어졌다. 아인슈타인의 위대한 발견도 특허청 업무를 보던 시절에 이루어진 것이다.

우리는 환경을 따져보고 앞날을 가늠한다. 새로움이 없는 시대에서는 개천에서 용이 났지만 이제 주어진 환경을 극복하는 건 불가능하다고 말한다.

하지만 사회가 발전을 향해 나아갈 때, 다시 개천에서 용이 출몰한다. 기존 사회에서 볼 때 부족하다고 여겨진 것들이 새로운 시대의 새로움을 만들어내기 때문이다.

결핍은 부족한 것이기도 하지만 익숙하지 않은 것이기도 하다. 익숙한 것을 잘하던 사람들이 새로운 환경에 가서도 잘한다는 보장은 없다.

그래서 부족한 것이 많은 사람들이 새로운 시대를 만들어내야 한다. 잘려나간 나뭇가지에는 단단하고 강한 옹이가 생기듯, 사람은 결핍과 상처를 감싸는 과정에서 더욱 크게 성장할 수 있다.

우리가 흔히 생각하는 결핍인 가난, 짧은 학력, 못난 용모, 초라한 출신 등은 하늘이 준 형벌 같지만, 이를 극복해낸 사람들은 누구도 비교할 수 없는 탁월함의 자리에 이르렀다.

태생적 결핍,
가난과 무지함

소프트뱅크의 손정의 사장은 르네상스 시대의 거장 다빈치와 애플의 CEO 잡스를 동격으로 생각하는 글을 발표한 적이 있다. 그들이 만든 탁월한 창조물도 중요하지만, 그들의 태생적 결핍이 무엇인지 살펴볼 필요도 있다.

잡스가 입양아라는 사실과 다 빈치가 첩의 아들이란 사실을 아는 사람은 많지 않다. 물론 위대한 사람의 불행을 들춰내는 취미를 갖고 있는 것은 아니다. 다만 그들의 성공과 결핍에는 어떤 관계가 있는 것이 분명하다.

다 빈치는 아버지의 성을 받지 못했다. 자식에게 이름도 주지 않은 모진 아버지는 아들을 교육시키지도 않았다. 이러한 극단적인 결핍이 다 빈치를 덮쳤지만, 그는 용케도 모두 극복하고 우리 앞에 불멸의 이름으로 서 있다.

다 빈치는 오늘날에도 작동이 확인되는 수많은 발명품을 스케치했고, 그의 연구노트는 인류의 문화유산이 되었다. 그의 수많은 발명품을 실제로 만들어 재현하는 것은 많은 과학 다큐멘터리의 인기 프로그램이 되고 있다.

낙하산, 행글라이더 등 많은 것이 재현되었는데, 특히 눈에 띄는 것은 잠수복이었다. 다 빈치는 오늘날 우리가 심해를 잠수하기 위해 사용하는 방식과 매우 유사한 구상을 했다.

그는 물이 스며들지 않는 피복을 만들기 위해 기름 먹인 가죽을 사용했고, 수압을 견디고 잠수부에게 공기를 공급할 공기 주입기도 고안했다. 오늘날 재현하니 모든 게 그대로 작동했다.

다 빈치의 천재성은 유체역학의 역사에서도 나타난다. 그는 인류 최초로 유체에 존재하는 난류를 스케치했다. 이 난류 유동을 해석하는 것은 오늘날에도 숙제로 남아 있다.

더욱이 그가 인체를 해부하면서 그려낸 해부도는 인체를 정확히 그리고자 하는 미학적 욕망을 넘어 인체의 신비를 과학적으로 이해하고자 하는 노력을 보여준다.

가난 때문에 학교 문턱에도 가지 못한 위대한 인물로는 패러데이를 빼놓을 수 없다. 패러데이의 업적이 무엇이냐고 하면 누구나 유도전기를 생각할 것이다.

오늘날 사용하는 강력한 모터는 주방의 믹서를 비롯해 온갖 기계에 사용된다. 고급 자동차의 기준은 얼마나 많은 모터가 동원되는지와 비례한다.

이런 위대한 발견을 이루어낸 패러데이가 수학을 못했다고 하면 어떤 생각이 드는가? 그는 학교조차 다니지 못했다. 가난한 가정형편 때문에 친구들이 학교를 갈 때 제본소에 가서 일했다.

패러데이는 그에게 제본을 맡기는 과학자들의 문서 속 기계 도면과 결과를 표현하는 그림들에 매료되었다. 그는 험프리의 강의를 듣고 그에게 조수로 써달라고 간청했다.

그는 전기와 자기의 작용에 눈에 보이지 않는 필드가 있다고 생각하고 가설을 발전시켜 나갔는데, 이는 오늘날 장이론(field theory)의 토대가 된다.

그는 수학을 잘 몰랐기 때문에 모든 것을 기록하고 실험해서 데이터를 만들어내는 경험론적인 연구 방법을 최고로 끌어올렸고, 오늘날 전기자기학의 기초를 다지는 업적을 남겼다.

잃는 게 있으면
얻는 것도 있다

다른 나라 언어를 몇 개나 유창하게 하는 사람을 보면 정말 부럽기 그지없다. 영어 콤플렉스 때문에 고생하는 것으로 따지면 우리나라보다 더한 나라가 거의 없다.

우리 말은 어순이 영어와 달라 배우기 어려운데도 포기하지 않는다. 이 유난스러움은 좋은 결과를 내는 동력이 된다. 하지만 영어를 못한다고 실망할 일은 전혀 아니다. 언어능력이 떨어져도 탁월해질 수 있다.

오스트리아의 물리학자 루트비히 볼츠만이 그 대표적인 예다. 열역학의 아버지로 불리는 볼츠만은 통계역학을 열고 인류에게 엔

트로피라는 개념을 알려주었다.

그가 나치를 박해를 피해 미국으로 망명한 뒤에 겪은 문제가 언어장벽이었다. 시간이 아무리 지나도 영어 실력이 늘지 않는 것이다. 그는 말도 안 되는 영어를 구사했고, 수업을 듣는 학생들은 엉터리 영어를 알아듣기 위해 분주히 노력했다.

오히려 볼츠만은 영어를 잘하지 못하는 것 때문에 인간관계가 단순해지고, 과학연구에 더 몰두할 수 있었을지도 모른다. 이로 인해 고독해서 우울증이 깊어지는 것과는 별개의 일이다.

무엇을 못하는 것은 불편하지만 때로는 불편으로 인해 생기는 이익도 있는 법이다.

허약한 신체를
극복하라

건강한 신체는 축복이다. 병약하면 의욕이 떨어지고 일을 완수하기 어렵다. 하지만 병약한 몸을 이끌고 탁월함에 도달한 사람들도 많다.

칸트는 병약한 몸으로 태어났다. 그렇지만 규칙적인 생활과 식이요법을 수행하며 건강을 유지했고, 그 결과 장수하면서 많은 업적을 남겼다.

진화론을 주장한 생물학자 찰스 로버트 다윈은 젊었을 때는 건강했지만, 나이가 들어서는 걸어 다니는 종합병원이었다. 그는 병을 고치기 위해 입증되지도 않은 민간요법에 몸을 맡기고 스스로 실험 대상이 되기도 했다. 또한 여행을 삼갔고, 많은 일을 편지로 해결하거나 상대방이 방문하도록 만들었다.

프랑스의 수학자 블레즈 파스칼 역시 병약하게 태어났다. 그의 아버지는 아들을 학교에 보내면 견디지 못할 것이라고 생각해서 그냥 집에서 지내게 했다. 그는 학교 수업 대신 혼자 기하학을 공부하면서 자랐고, 다방면으로 지대한 공을 세웠다.

건강 결핍으로는 프리드리히 니체도 빼놓을 수 없다. 그는 20대 초반에 독일 대학의 정교수가 될 정도로 탁월한 지성의 소유자였지만, 지독한 근시를 비롯해 온갖 병고에 시달렸다. 그렇게 불리한 신체적 조건과 싸우며 위대한 사상을 만들기 위해 노력한 이유에는 그의 허약한 신체가 한몫했을 것이다.

결핍에 지지 않고 오히려 탁월함을 이끌어내는 요소로 활용한 이들은 파도와 바람을 맞으며 항해하는 배의 선장과 같이 역경을 이용해 전진했다.

탁월한 인물들 중에는 기능을 상실한 상태에서도 지속적으로 무언가를 성취하는 불굴의 의지를 보여주는 이들이 많다.

불멸의 지휘자 아르투로 토스카니니는 지독한 근시였기에 악보를 읽으면서 지휘를 할 수가 없었다. 그래서 그는 악보를 모조리

외워서 지휘하는 방법을 택했다.

당시 낭만주의 시대에는 지휘자 마음대로 곡을 해석해서 연주를 했는데, 토스카니니는 악보를 모두 외워서 악보대로 정확히 연주하는 것을 목표로 했다.

어느 날, 한 지휘자가 일이 생겨 급하게 지휘를 하게 된 토스카니니는 악보대로 연주를 했고 청중은 열광했다. 이제까지 낭만주의 지휘자들이 들려준 곡과 느낌이 매우 달랐기 때문이다.

그렇게 이후 지휘 스타일이 바뀌었다. 토스카니니의 탁월함은 전적으로 지독한 근시를 극복하는 과정에서 탄생했다.

수학자 오일러는 시력을 상실한 채로 수학을 발전시켰고, 그의 업적은 그가 죽은 뒤에도 100년에 걸쳐 출판을 할 만큼 많았다.

천체물리학자 스티븐 호킹은 루게릭병에 걸려 목 아래 부분을 전혀 사용할 수 없는데도 모든 계산식을 암산으로 처리하면서 우주론을 전개했다.

몸이 허약한 사람들 중에는 인류의 발전에 결정적이고 위대한 기여를 하는 이들이 많다. 자신의 치명적인 결핍을 치열하게 극복해가는 과정에서 위대하고 강건해진 것이다.

소아마비를 앓아 지팡이를 짚고 다니면서 어깨 힘이 매우 세지는 것과 같이 절대적인 요소를 상실하더라도 결국에는 극복하고 대체하는 과정에서 상식을 넘는 탁월한 힘이 발생한다. 이것이 바로 결핍의 위대함이다.

무료한 일상을
벗어나자

인생이 항상 신나고 재미있으면 좋으련만 현실은 그렇지 않다. 밥벌이는 숭고하지만 밥벌이를 위한 일이 무료한 경우도 많다. 경우에 따라 지나치게 바빠서 자기 자신을 추스르지 못하고 몇 년이 훌쩍 지나기도 한다. 그러다 보면 외로운 노인이 된다.

현실이 지나치게 무료하면 환상을 꿈꾼다. 그래서 밥벌이를 하는 나와 내가 하고 싶은 일을 하는 내가 분리되는 경우가 있다. 하나의 세계는 일한 만큼, 또는 그 이상 보상을 받아야 하는 세계고, 다른 하나는 돈보다는 만족이 중요한 세계다.

언젠가 소설가 배수아가 쓴 『독학자』라는 소설을 읽었는데 작가의 이력이 눈길을 끌었다. 낮에는 동사무소에서 일하고 밤에는 소설을 쓴다는 것이다.

이처럼 겸직을 하는 소설가가 더러 있는데 프란츠 카프카가 대표적이다. 그는 낮에는 법률가로 일하고 밤에는 소설을 썼다. 그가 눈을 반짝이며 빠져든 세계는 소설을 쓰는 작가의 세계였다.

그 후에 읽었던 책이 『다 지나간다』이다. 지셴린이라는 베이징대학교 교수가 쓴 이 수필집에서 심심함을 극복하는 노인의 활약을 볼 수 있다. 98세로 세상을 떠난 그가 본격적으로 연구를 하기 시작한 때가 80세라고 하니 정말 대단하다.

그는 중국 문화대혁명 당시에 시골에 가서 풀을 뽑고 점심시간에는 공공장소에 있어야 했는데, 사람들이 지나가면서 그에게 침을 뱉고 인민의 쓰레기라고 말해야만 했다. 제자들도 어쩔 수 없이 따라하고는 고개를 숙이고 도망치듯 가기도 했다.

그랬던 그가 이제는 인민의 스승으로 추앙을 받는다. 인생이 돌고 돈다는 말이 실감난다. 그가 그렇게 오래 살면서 권고하는 바는 바로 심심함을 참지 말라는 것이다.

무료한 일상에서 일탈하기 위해 취미생활도 해보고 모임에도 가입해보면 좋다. 등산 모임에라도 들어가면 정기적으로 산행을 할 수 있지 않겠는가.

불공정 사회를
극복한 자들

세상이 공정하지 않다는 것을 알게 되는 데는 그렇게 많은 시간이 필요하지 않다. 외국에서 자란 사람은 자라면서 인종의 장벽을 느낀다. 제도에는 차별이 없을지 몰라도 현실에는 존재한다.

며칠 전 어느 지방 대학교의 교수가 자살을 했다. 지방대 출신이라는 이유로 알게 모르게 왕따를 당했다고 한다. 해당 대학교는 사실무근이라고 하지만, 이러한 사회적 차별은 한 사람을 죽음에 이르게 할 정도로 심각하다.

신라시대의 육두품에게는 성골과 진골의 세계에 들어갈 수 없는 한계가 있었다. 뛰어난 문장력과 학식을 갖춘 최치원도 육두품의 한계를 극복할 수 없음을 알고 타국에서 유리방황했다.

조선시대의 서자 역시 관직에 나갈 수 없는 한이 있었다. 율곡 이이의 스승이라고 알려져 있는 기인 송익필 선생도 서자 출신이기 때문에 나라를 위할 길을 박탈당했다.

서자들은 공적인 일을 할 수 없어 그 탁월함을 직접 보일 수는 없었지만, 제자를 키우거나 중요한 순간에 나타나 기여하는 식으로 자신을 입증한 경우가 많았다.

그러나 세종대왕과 같은 성군은 실력만 있으면 천민이라도 중용했다. 장영실이 대표적인 예시다. 그는 태생적 한계가 풀리자 수많은 발명으로 보답했다. 재주에 공공성이 더해지는 것이 얼마나 큰 차이를 주는지 볼 수 있다.

귀양을 가서 위대한 학문을 이룬 사람도 있다. 바로 정약용 형제가 그렇다. 정약전은 당시에는 드문 자연과학서를 집필했고, 정약용은 500여 권에 달하는 저서로 중국에까지 이름을 떨쳤다.

왕의 부름을 받으면 나아가 천하를 다스리고, 물러나면 초야에서 후학을 키우는 선비 정신이 불리한 상황에서 합리적으로 처신할 수 있도록 해준 것이다.

사랑은
위대하다

어린아이에게 충분한 사랑을 주지 못하면 애정 결핍으로 일생 동안 고통을 받는 경우가 있다. 채워지지 않은 것으로 인해 성격이 비뚤어지기도 하고 사랑 받는 것에 집착하기도 한다.

자기의 존재감을 상실하고 비관하면서 사는 많은 사람들의 이면에는 부모로부터 사랑받지 못해서 생긴 상처가 있는 경우가 많다.

어느 정신병동 지하에 한 소녀가 갇혀 있었다. 소녀는 세상과 부모에 대한 증오가 마음에 가득해 아무하고도 말하지 않았다. 온갖 약을 쓰고 상담을 했건만 소녀의 증오는 사라지지 않았고 오히려 나날이 난폭해져서 마침내 의사도 손을 들고 말았다.

병원 지하에 격리된 소녀는 세상을 증오하고 원망했다. 그 소녀는 지하로 내려오는 사람의 발소리가 들리면 벽을 향해 얼굴을 돌리고 마주치지 않으려고 했다. 어떤 말도 듣고 싶지 않고, 상대방의 얼굴도 보고 싶지 않다는 표시였다.

병원에는 오랫동안 간호사로 근무하다가 정년퇴직한 할머니 한 분이 계셨다. 할머니는 소녀가 눈에 밟혀 가끔 지하로 내려왔다. 소녀는 어김없이 벽을 향해 돌아섰지만, 할머니는 한두 시간 동안 세상 돌아가는 이야기를 해주고 갔다.

어느 가을날, 할머니는 공원에 나갔다가 국화가 아름답게 피어

있는 모습을 보고 지하에 갇혀 있는 소녀를 떠올렸다. 할머니는 '그 아이도 나처럼 이렇게 아름답게 핀 국화를 보면서 세상을 아름답게 여기게 되면 얼마나 좋을까?'라고 생각했다.

할머니는 국화를 한 아름 따서 곧바로 병원 지하실로 내려갔다. 소녀는 발소리를 듣고 벽을 향해 돌아섰다. "얘야, 오늘 공원에 갔는데, 네 생각이 나서 국화꽃을 따왔다."라는 할머니의 말이 끝나자 생전 말이 없던 소녀가 돌아보지도 않은 채 물었다.

"내 생각이 났다고 말했나요?" 소녀는 벽에서 얼굴을 돌려 할머니를 바라보면서 국화꽃을 받았다. 할머니는 매일 소녀를 찾아와서 몇 시간씩 이야기를 나누고 갔다.

소녀의 증오는 봄눈 녹듯이 녹아내렸다. 소녀는 퇴원 후에 새로운 삶을 살았고, 커서는 어려운 사람을 도와주는 교육자가 되었다. 그 소녀가 바로 헬렌 켈러의 선생님인 앤 설리번이다.

우리는 헬렌의 불행과 한계를 넘어선 불굴의 의지를 칭송하지만, 지극한 사랑으로 한 명의 인간을 재탄생시킨 설리번 선생님에 대해서는 무지하다.

이유 없이 사랑을 준 할머니와 그 사랑을 받고 다시 깨어난 설리번 선생님, 그리고 설리번 선생님이 다시 깨운 헬렌까지. 사랑의 고리는 증오를 사랑으로 바꾸어 절망의 인생을 소망으로 돌려놓은 위대한 인생 혁신의 모델이다.

애정 결핍을 딛고 일어선 사람은 남을 진정으로 도와주는 탁월한 봉사자, 멘토가 될 수 있다. 그 고통을 누구보다 잘 알기에 그 고통에 동참하고 살려내는 일을 할 수 있다.

결핍을
동력으로 삼자

우리 모두가 상대적인 결핍을 갖고 있다. 마치 영양실조와 같다. 특정 영양소가 부족하면 각기병에 걸려 잘 일어서지 못하는 것과 같다. 그러다가 부족한 영양소를 공급받으면 언제 그랬냐는 듯이 문제가 해결된다.

원동연의 책 『5차원 전면교육학습법』에서는 이러한 결핍을 와인을 담는 오크통에 비유했다. 실력은 마치 오크통 같아서 통을 이루는 나뭇조각 중 하나가 작으면 통에 고이는 물은 가장 작은 나뭇조각의 높이로 결정된다는 것이다.

나는 그 오크통 그림을 보면서 한참을 생각했다. 그것이 현재 학생들의 실력을 평가하는 방식일 것이다. 제일 위로 뻗은 큰 조각을 볼 줄 아는 평가가 이루어져야 한다. 약점을 찾아내는 평가에서 장점을 파악하는 평가로 바뀌어야 한다.

경쟁사회에서는 상대방으로부터 작은 약점이라도 찾아내 경주에서 탈락시키려고 한다. 그래서 다들 약점을 없애는 것에 골몰하다가 오히려 장점이 소멸되는 경우가 많다.

약점이 거의 없지만 고만고만한 사람과 많은 약점을 가졌지만 어느 한 분야에서는 천하제일인 사람이 있다. 한 가지를 잘하는 사람은 수많은 약점 때문에 낙오자가 되겠지만, 약점이 하나뿐인 탁월함이 있다면 낙오는 절대 실패로 이어지지 않는다.

수많은 위인들이 광야나 변경에서 삶을 시작했다. 광야는 사람들의 소리가 끝난 곳이다. 사람들의 소리가 멈춘 장소, 그 참담한 낙오의 자리에서 신의 음성을 듣는다.

새로운 소명으로 불타올라 전혀 다른 사람으로 거듭나는 것이다. 낙오로 얻은 텅 빈 광야의 외로움은 축복의 통로이자, 천지를 울리는 제삼의 소리를 듣는 장소가 된다.

낙오는 실패가 아니다. 다른 길로 떠나는 새로운 출발일 뿐이다. 새로운 경기를 찾아 새로운 룰을 만들고 얼마 안 지나 다른 사람들이 생각지도 못했던 새로운 일을 하면 된다. 그러면 그들은 당신을 칭송하고 당신의 결핍에 대해 대대적으로 말할 것이다.

하지만 당신은 속으로 '강인한 의지가 아니고 그것밖에 방법이 없었다.'라고 생각하게 될 것이다. 바로 지금 당신을 칭송하는 그들이 당신의 모든 길을 빼앗고 막았기 때문에 스스로 길을 만들 수밖에 없었다는 것이다.

그렇지만 잊지 말아야 할 것이 있다. 칭송하는 이들 앞에서 최대한 겸손하게 굴어야 한다는 점이다. 그렇지 않으면 언제고 다시 매를 맞아야 할지도 모른다.

결핍이야말로 탁월함을 이루는 데 좋은 약이자 쓰디쓴 약이다. 그래서 이를 적극 활용하는 사람들이 많다. 일부러 결핍을 만들어서 탁월함을 끌어낸 것이다.

소설가 이외수가 감옥을 만들고 그 안에서 글을 쓴 것은 유명한 이야기다. 스스로 사회에서 격리된 죄수가 된 것이다. 그의 아내는 간수가 되어 가상의 감옥에 밥을 넣어주었다.

사람을 만날 일도 없이 고독과 직면한 채 글을 쓰는 것으로 시간을 보냈다. 당장 집필에 서두를 일 없이 자기가 정한 수형기간을 지내기만 하면 된다.

『감옥으로부터의 사색』을 쓴 신영복 교수는 실제로 수감생활을 했다. 그는 형수에게 편지를 쓰면서 어려움을 토로하고, 서예를 하면서 시간을 보냈다.

이들은 가상의 감옥이든 실제의 감옥이든 자유가 결핍된 환경에서 탁월한 결과물을 건져낸 사람들이다.

감옥은 아니지만 숲으로 들어간 사람들도 있다. 법정 스님도 그렇다. 그는 서울 한복판에 있는 길상사를 두고 전기조차 들어오지 않는 강원도 산골로 들어갔다.

얼음을 깨고 물을 떠서 세수를 하고 밥을 지었다. 세속을 버린 승려의 삶이지만 그는 자연과 맞닿은 고독에서 속세를 향해 청정한 글을 던졌다.

강원도 황지에 있는 예수원은 기독교인들에게는 정신적 고향과 같은 곳이다. 그곳에는 벽안의 루번 아처 토리 3세 신부님 가족이 살았다. 우리나라 이름은 대천덕이다.

그는 우리나라가 지독히도 어렵던 시절에 선교사로 와서 온갖 문제가 만발할 때도 선교를 했다. 그가 쓴 『대천덕 신부의 산골짜기에서 온 편지』는 오늘날 어느 교회 지도자의 외침보다도 청정하고 우렁차다.

내 친구 히비키는 하루에 한 가지 일만 하며, 동시에 여러 일을 하지 않는다. 그는 어느 날 나에게 이렇게 물었다. "이 박사, 만일 껌을 씹어야 하고 길을 걸어야 하면 어떻게 해야 할까?"

나는 당연히 껌을 씹으며 길을 걸어야 한다고 답했다. 그러자 그는 빙긋이 웃으며 자기는 일단 껌을 다 씹고 완전히 뱉은 다음에 길을 가겠다고 했다.

히비키는 정말 일을 잘한다. 연구를 하면서도 훌륭한 논문을 쏟아낸다. 그의 탁월함에는 동시작업능력 결핍이 있다. 동시에 두 가지 이상의 일은 하지 않는 것이다. 그가 일부러 세운 원칙이다.

그리 똑똑한 사람이 어찌 껌을 씹으며 길을 걷지 못하겠는가? 어찌 TV를 보며 밥을 먹지 못하겠는가? 그렇지만 그는 동시에 여러 일을 하지 않기로 결심했다.

지금까지 결핍을 극복하는 과정에서 반작용으로 탁월함에 도달하는 것을 보았다. 결핍은 탁월함을 향한 방아쇠와 같다. 결핍을 당기면 당신은 탁월함으로 날아갈 것이다.

모든 것이 채워진 만족스러운 상태를 자랑하지 말고, 눈물 나도록 억울한 결핍에 감사하라. 가난뱅이로 태어났든, 배우지 못했든, 몸이 약하든, 눈이 보이지 않든, 마음의 상처로 걷기조차 힘들든 간에 이 모든 결핍은 탁월함의 발사대일 뿐이다.

우직하게
시도하는
도전 정신

잡스가 스탠퍼드대학교 졸업식 연설에서 이제 막 사회로 나가려는 젊은이들에게 주문한 것이 있다.

"여러분들의 시간은 한정되어 있습니다. 그러니 다른 사람의 인생을 사느라 자신의 시간을 낭비하지 마십시오. 다른 사람의 의견을 신경 쓰느라 내면의 소리를 잃어버리지 마세요. 가장 중요한 것은 당신의 마음과 영감을 따를 수 있는 용기랍니다."

그는 이어서 다음과 같은 유명한 말을 남겼다. "Stay hungry, Stay foolish." 계속 갈망하고 바보처럼 살아가라는 것이다. 바보처럼 우직한 의지력은 탁월함으로 나아가는 강력한 추진제다. 여기서 말하는 바보는 바보처럼 보이지만 사실은 현명한 사람이다.

사람들이 누군가를 바보라고 놀리는 것은 그가 이익을 취하지 않고 헛짓을 하고 있다고 판단할 때다. 이 세상 누가 남에게 업신여김을 받는 것을 달가워할까?

하지만 바보 노릇으로 위기를 넘긴 사람은 의외로 많다. 김동인의 소설 『운현궁의 봄』을 읽어보면 흥선대원군이 술집을 전전하면서 바보 노릇을 하는 이야기가 나온다.

왕족의 씨를 말리던 시절에 제 목숨을 보전하려면 정상이 아닌 것처럼 행동해야 했다. 그는 아무데나 난초를 쓱쓱 그려서 술값을 대신하고 걸핏하면 사람들과 먹살잡이를 하며 주사를 부렸다.

우리 사회에서는 한동안 바보 찬양이 끊이지 않았다. 너무 똑똑한 사람이 많아서 오히려 바보를 갈구하는 걸지도 모른다. 이 시대가 요청하는 바보는 불가능을 뻔히 알면서도 도전하는 사람을 말하는 것 같다.

의지력 강하고 우직한 바보들이 오늘날의 번영을 이루어냈다. 대한민국은 바보들이 만들어낸 나라다. 탁월한 바보들이 무엇을 했는지 구체적으로 살펴보자.

재밌는
바보 이야기

「바보온달과 평강공주」는 동화 같은 실화다. 어떤 사람들은 평강공주가 더 바보라고 말하기도 한다. 두 바보가 모여서 가정을 꾸리자 온달은 장군으로 거듭나고, 국가의 위기에 맹활약을 한다.

〈포레스트 검프〉라는 영화에도 지적장애를 지닌 주인공이 등장한다. 그 단순함이 대단한 결과를 만들어내는 이야기다. 〈쿵푸 팬더〉도 동일하다. 음식이나 탐하는 팬더 '포'는 바보처럼 보인다.

사람들은 그런 바보가 위기를 극복해내는 이야기에 열광한다. 모든 탁월함에는 이야기가 있다. 이야기가 깊어지면 신화가 된다. 영웅이 만들어지면 영웅전이 탄생한다. 가장 사랑받는 이야기가 바보 이야기라면, 바보는 탁월함의 조건으로 손색이 없다.

어떤 바보는 목숨을 바쳐 나라를 구했는데 죽도록 매를 맞고 옥살이를 했다. 그러나 그는 백의를 입고 다시 전쟁터로 나갔다고 한다. 또다른 바보는 중국과 관계가 묘해지는 상황에서도 글자를 만들어냈다고 한다. 그 바보들은 바로 이순신 장군과 세종대왕이다.

좋은 조건을 다 집어던지고 어딘가로 들어가는 바보들도 있다. 갑자기 산속에 들어가 살면서 얼음을 깨서 세수를 하고 밥을 해먹으며 대자연의 운치를 만끽하기도 한다.

자식을 교육시킨다고 멀리 보내놓고, 저녁마다 컴퓨터 앞에 앉아 그리움에 눈물을 훔치는 바보들도 있다. 멀리 갈 것 없이 내가 바보고, 당신도 바보다.

실패에
매몰되지 마라

'잃을 것이 없다.'는 것은 도전 정신을 자극한다. 잃을 것이 많은 사람은 이리저리 재다가 결국 도전하지 못한다. 하지만 더 이상 잃을 것이 없는 사람들의 도전은 찬란하다.

우리는 잃을 것이 없는 젊은이들의 아름다운 도전을 보면서 감탄한다. 생각지도 못한 일에 골몰하면서 새로움을 만들어내는 이들은 역동적이다. 반면 의욕을 상실한 젊은이는 이리저리 재느라 머리가 복잡해진다.

그들은 세상 모든 사람들이 자신을 쳐다보고 있다고 생각한다. 자신의 조그만 실수나 콧잔등에 난 여드름 같은 것을 손가락질할 것이라고 생각하기도 한다.

천만의 말씀이다. 자기 몸 하나 추스르기도 힘든 이 세상에 누가 남에게 그렇게 신경을 쓴단 말인가?

그래서 나는 바보처럼 도전하는 정신을 권하고 싶다. 나는 바보라고 여러 번 외치다 보면 이상하게 힘이 난다. "나는 바보니까 실패해도 괜찮아. 성공하는 바보가 어디 있어? 바보니까 실패하는 거지." 이러면 거짓말처럼 실패에 대한 두려움이 사라진다.

현대 정주영 회장의 집무실은 온갖 고리타분한 옛 물건으로 가득했다. 그는 아마 형편없던 과거의 자신을 항상 기억했던 것 같다. 무일푼으로 상경해 쌀집에서 등짐을 지던 젊은이는 세계적인 기업의 회장이 된 이후에도 그의 정체성으로 남았을 것이다.

시골 머슴이 덴마크 왕에게 장학금을 받은 일이 있다. 건국대학교 유태영 교수의 일화다. 그는 가난한 집에서 태어나 스스로 학비를 벌면서 야간학부를 다니다가 덴마크의 왕에게 편지를 썼다.

그는 우리나라가 6·25전쟁의 폐허에서 일어나려면 농촌이 살아나야 하는데, 덴마크를 모델로 삼고 싶다는 편지를 써서 보냈다고 한다. 답장을 기대하기는 어려웠지만, 덴마크의 국왕은 그에게 장학금을 주겠으니 와서 공부하라는 편지를 보냈다.

만일 그가 시골 머슴 출신이라는 한계에 빠져 있었다면 훌륭한 교수가 될 수 없었을 것이다. 안 되면 그만이라는 생각으로 자신의 꿈을 이루기 위해 할 수 있는 모든 수단을 썼다.

오늘도 실험실에서는 바보 같은 도전이 무수히 진행된다. 신의 영역을 탐구할수록 인간의 총명은 별 소용이 없다는 것을 깨닫는다.

신은 총명하지만 사악한 자에게는 결코 비밀을 알려주지 않는다. 신에게 충성하는 자에게만 진리를 알려주는 것도 아니다. 만일 그랬다면 모든 위대한 발견은 모조리 종교인들이 했어야 마땅하다.

진리는 신앙을 떠나 항상 진실한 마음으로 탐구하는 도전자에게 나타난다. 그것도 자신의 총명을 자랑하지 못하도록 우연을 가장해 다가가는 경우가 더 많다.

페니실린의 발견 역시 우연이라는 조건을 통해 알려졌다. 알렉산더 플레밍이 항생제를 발견하는 과정은 눈물겹다. 그는 푸른곰팡이에서 항생제 성분을 발견했다.

무수한 도전에서 모조리 실패하고 전혀 기대하지 않았던 결과를 거머쥔 도전자들은 분명 바보일 것이다. 실패해도 좌절하지 않고 계속 도전하는 사람에게는 행운이 찾아온다.

앞만 보고
달려라

똑똑한 사람은 일을 하기 전에 어디쯤에서 그만둘지, 이 일을 통해 챙길 것이 무엇인지 계산한다. 영양가가 별로 없거나 도중에 장애물과 마주칠 것 같으면 생글생글 웃으며 발을 뺀다.

그러면 일을 시키는 이들은 화를 내더라도 이해한다. 선수끼리 그렇게 공생하는 것 아닌가? 그런데 그 무리에 바보가 들어왔다. 계산해도 답이 나오지 않는 일을 우직하게 붙들고 늘어진다.

어느 날 그 바보가 "이런 이상한 것이 만들어졌네요." 하면서 진기한 것을 들고 왔다. 결과는 대박이었다. 불후의 명작이 나온 것이다. 절벽에서 떨어져 죽을 줄 알았는데, 날개가 돋아 날아올랐다.

바보는 자동차도 되고, 수륙양용차도 되고, 보트도 되고, 비행기도 되고, 우주선도 된다. 이륙하면 착륙하지 않고 그냥 가는 거다. 이것이 도전 정신이다.

무한질주는 죽음의 계곡을 넘게 한다. 〈차마고도〉라는 다큐멘터리는 감동적이다. 그곳에는 차와 소금을 나르는 마방들의 이야기가 나온다.

마방들은 험준한 계곡을 따라 말을 몰고 물건을 나른다. 이들이 걸어가는 길은 절벽 가운데 있어, 한 발만 잘못 디디면 바로 천 길 낭떠러지로 떨어져서 죽게 된다.

간혹 골짜기를 건너기 위해 외줄에 몸을 매달고 움직인다. 말도 그렇게 한 마리씩 옮긴다. 맨처음 죽음의 계곡에 외줄을 걸었던 사람은 누구일까? 차마고도의 개척자들은 죽음을 두려워하지 않으며 끝없이 길을 만들어간다.

없는 길을 만들어내는 개척자들 덕분에 우리는 새로운 시대로 접어들 수 있었다. 그들이 연 시대의 비타민을 마시면서 오늘의 건강을 유지하고 있는 것이다.

손익을 계산한다면 누가 그 천 길 낭떠러지를 다녀오겠는가? 편안함을 거부하고 칼바람과 눈발이 날리는 먼 길을 나서는 바보들이 있기에 새로운 길이 만들어진다.

모르는 게
약이다

아는 것이 힘이라고 한다. 그래서 죽어라 가르치고 죽어라 배운다. 끝없이 배우면 돌이 변해 황금으로 변할 것이라 믿는다. 하지만 사실 모르는 것이 힘이다. 제대로 알지도 못하면서 아는 체 하는 것은 정말 위험천만한 일이다.

요즘 학생들은 지식은 넘쳐나는데 궁금한 것이 없다. 아예 머리를 텅 비우면 궁금한 것이 생기고, 궁금한 것만 공부하면 큰 결과를 낼 것이 분명한데, 상황이 이러니 도무지 해결의 길이 보이지 않는다.

교육 전문가들이 들으면 화를 낼 말이지만, 나는 지금 가르치는 분량의 반만 가르치면 학생들이 훨씬 탁월해질 것이라고 믿는다.

인류의 중요한 진보는 바보들에 의해 이루어졌다. 유전공학은 DNA의 이중나선 구조가 알려지면서 시작되었다. 그런데 이것을 발견한 사람은 생물화학자가 아니라, 물리학 박사를 마치고 연구 과정으로 타 분야에 들어온 젊은이들이었다.

간혹 전문가 회의에 가면 근엄한 전문가들이 앉아 있다. 무슨 제안이라도 하려고 하면 "그건 우리가 몇 년도에 이미 해본 것인데, 아무 소용이 없었고 그 부작용으로 이런저런 일이 있었다."라고 말한다. 너 같은 것은 아예 입도 뻥끗 말라는 분위기다.

그런데 가만 들어보면 분명 다른 이야기인데 이미 해보았다고 주장을 하는 경우가 허다하다. 그들은 마치 가능한 모든 것을 다 해본 사람이 되는 것이 목표인 듯하다.

모르는 것이 없는 사람, 그런데 실제로 할 수 있는 것이 없는 사람이 되는 건 정말 불행한 일이다. 차라리 아는 것이 없는 사람, 그래서 해봐야 하는 사람에게 더 가능성이 있다.

아는 것이 많은 무능력자는 탁월함에 이를 길이 없다. 오히려 바보라고 불리는 사람에게 가능성이 있다. 아는 것이 많더라도 자신이 아는 것은 수박 겉핥기식이어서 다시 조사해봐야 한다는 자세를 가질 때 발전할 수 있다.

영화 〈형사 콜롬보〉를 보면 어수룩하고 바보처럼 보이는 형사 콜롬보가 등장한다. 그러나 바보 같은 행각은 오히려 그를 무시하는 범인을 무장해제 시키고 단서를 찾아내는 데 도움을 준다.

뉴턴을 그토록 위대하게 만든 것은 그가 항상 갖고 다닌 리스트다. 그는 '질문들'이라는 노트를 만들어 모르거나 궁금한 것을 적어놓았다. 우리는 어떤가? 이해가 되지 않으면 외우라고 하면서 '외울 것'이라는 노트를 들고 다닌다.

'질문들'이라는 노트를 들고 다닐 정도로 모르는 것이 많은 뉴턴은 대단한 업적을 남겼지만, '외울 것'이라는 노트를 들고 다니며 아는 것이 많은 우리들은 무엇을 하고 있는지 가슴에 손을 얹고 생각해볼 일이다.

『몰입의 즐거움』을 쓴 미하이 칙센트미하이는 제트엔진과 뇌파 측정기를 발명한 프랭크 오프너라는 사람이 81세의 나이에 갑자기 머리카락 세포에 관심을 갖고 한 말을 이렇게 썼다.

"나는 문제를 푸는 것이 너무 좋다. 고장 난 식기세척기든 말을 듣지 않는 자동차든 신경구조건든 간에 말이다. 지금은 머리카락 세포의 구조를 연구하고 있는데 아주 흥미진진하다. 나는 문제의 유형을 따지지 않는다. 문제를 푼다는 것 자체가 즐겁다. 문제를 푸는 것보다 재미있는 일이 또 있을까? 인생에서 이처럼 흥미진진한 일이 또 있을까?"

칙센트미하이는 창조적 인사들이 자기 목적성에 충실하다는 것을 설명하기 위해 이 예시를 들었다. 여기서 답을 모르는 문제가 던지는 아름다움을 만끽하는 사람의 기쁨을 읽어낼 수 있다.

모두 아는 것보다 모르는 것이 아름답다. 좋은 스승은 꼭 필요한 것만 가르치는 스승이지만, 그보다 더 좋은 스승은 스스로 찾도록 하는 스승이다. 호기심은 탁월한 지성을 만들어낸다.

강한 신념을
가져라

바보 천치라고 욕을 먹는다면 이유는 단 하나다. 심각한 상황에서 눈치 없이 딴짓을 하며 웃고 있어서 그렇다. 자신은 마음이 편할지도 모르겠지만 보는 사람은 속이 터진다.

미겔 데 세르반테스가 지은 『돈키호테』에는 중세의 기사문학을 너무 읽어 살짝 맛이 간 에스파냐의 시골 향사 알론소 키하노 영감이 등장한다.

그는 세상의 부정을 바로잡고 불쌍한 이들을 돕겠다며 '돈키호테 데 라 만차'라는 이름으로 개명한 뒤, 갑옷을 입은 채 비루먹은 말 로시난테를 타고 여행에 나선다.

돈키호테는 풍차와 대결하기도 하고, 상인들에게 둘시네아가 세상에서 가장 아름다운 여인이라고 주장하다가 매를 맞기도 한다. 그가 진지하게 행동할수록 주위 사람들의 웃음은 커진다.

강한 신념의 소유자는 상황이 아무리 어려워도 심각하지 않다. 능히 감당할 만한 일로 심각할 이유가 없는 것이다. 하지만 주변에서는 그의 태평함이 못마땅하기 마련이다. 그 신념은 어디에서 오는 것일까?

밀짚 끝에 쉬고 있는 잠자리를 잡으려고 노력해본 경험이 있을 것이다. 잠자리는 수만 개의 눈을 갖고 있어서 뒤에서 접근하는 우리의 손가락을 볼 수 있다.

하지만 꼼짝도 않고 있다가 결정적인 순간에 날개를 파르르 떨며 하늘로 날아오른다. 잠자리들은 날아오르기 직전까지 미동도 하지 않는다. 한 차원 높은 공간으로 날아오르는 재주가 있기에 결정적인 순간까지 움직이지 않는 것이다.

사람으로서 한 차원 높은 삶은 어떻게 가능할까? 바로 영성의 힘으로 가능하다. 종교적 신념은 상식을 넘어선다. 간혹 지나친 종교적 신념이 문제를 일으키는 일도 많지만, 종교는 위기의 순간에 인간을 위대하게 만들어준다.

영적 파워는 계산을 뛰어넘는다. 원수까지 사랑하라는 요청을 계산으로 시행할 수는 없다. 누가 5리를 가자고 하면 10리를 가라는 가르침도 어리석기 그지없다.

믿음은 보지 못하는 것의 실상이라고 한다. 우리 눈에 보이지 않는 것이 실체로 보이는 것, 이것이야말로 이성이 끝나는 곳에 자리하는 전혀 다른 감각이다.

믿음의 눈으로 보이는 것은 온갖 역경을 견뎌내고 잔잔히 웃을 수 있는 힘이다. 세상의 눈에는 바보로 보이지만, 진리를 거머쥔 믿음의 눈으로 보면 달리 보일 것이다.

중요한 건
꺾이지 않는
의지력

당신의 자녀가 학교를 가지 않고 땅속만 뒤지고 있어도 욕하지 마라. 당신의 자녀가 10년째 땅속의 지렁이만 들여다보고 있어도 걱정하지 마라. 당신의 자녀가 20년째 지렁이를 만지고 있어도 실망하지 마라.

몇 년 후면 당신의 집 앞에 세계 각처에서 몰려온 관광객들이 줄을 설 것이다. 그들은 인류가 배출한 탁월한 지렁이 전문가의 용안을 알현하고자 고개를 쳐들 것이다. 이 이야기는 『시간을 정복한 남자』라는 책에 나오는 내용이다.

세월에는 힘이 있다. 세월은 아픔도 상처도 모두 잊게 해준다. 세월은 작은 물방울이 바위에 구멍을 낼 수 있는 힘을 준다. 무한한 세월을 버티는 존재는 강한 존재다. 그는 모두 사라져도 끝없이 일하며 자신의 존재를 알린다.

지속력은
집중의 기본

알렉산드로 알렉산드로비치 류비셰프라는 소련의 과학자가 있다. 그는 별로 유명하지 않은 지방 대학에서 학생을 가르치며 연구를 진행했다. 조그마한 유충을 구분하는 것이 그의 주 업무였다.

그는 유충을 구분해내기 위해 수많은 방법을 개발했는데, 여기서 위상기하학을 적용하기도 했다. 일생에 걸친 탁월한 연구는 세상의 인정을 받아 제법 유명해졌다.

기자가 류비셰프에게 사진을 찍자고 요청했다. 그러자 그는 큼지막한 엉덩이를 들이대며 찍으라고 했다. 당황한 기자에게 자신의 연구를 지켜준 것은 끝없이 잡념으로 시달린 머리가 아니라 의자에 딱 붙어 앉아 자기를 지켜준 엉덩이라고 말했다.

지속력은 탁월함에 이르게 하는 강력한 힘이다. 위대한 거장들은 처음에는 그렇게 오래 작업할 것이라 생각하지 않고 시작했다가, 그대로 수많은 시간을 보낸 끝에 불후의 명작을 남겼다.

칸트의 위대한 저서 『순수 이성 비판』이 탄생한 것은 거의 10여 년의 노력의 결과다. 사실 그는 처음에는 약 32쪽 정도의 간단한 논문을 쓰려고 했다.

하지만 문제에 빠져들어 긴 세월을 투자했고, 마침내 출판된 책은 독일어를 철학의 언어로 탄생시켰다. 라틴어를 근거로 해오던 철학 저술을 모국어인 독일어로 완성한 것이다.

오래 남는 것이 탁월하다

조선시대의 천재를 꼽으라고 하면 이이를 빼놓을 수 없다. 남들이 한 번을 합격하기 힘든 과거시험에 아홉 번이나 합격을 하고 장원을 했다. 그것도 20대 초반에 말이다.

그는 어머니인 신사임당에게 배운 것이 교육의 전부라고 한다. 그러나 이이가 16세 때 신사임당이 세상을 떠나자 슬픔을 달랠 길이 없어 절에 들어가 불경을 공부했다고 한다. 그렇게 힘든 세월을 보내면서도 아홉 번이나 급제했으니 정말 탁월하다.

이황은 반대로 여러 번 낙방했다. 그렇지만 오늘날 우리는 조선시대의 천재로 이이와 더불어 이황을 꼽는다. 세월의 파도를 넘어선 지속력 때문이다.

이이는 무슨 이유인지 몸이 약해 40세부터 병치레를 했고, 48세에 생을 마감했다. 당시의 기준으로는 단명이라고 볼 수 없지만, 이황에 비하면 요절한 셈이다. 이황은 오늘날의 관점에서도 장수한 편에 속하니 그가 한평생 구성한 학문의 깊이는 얼마나 될까?

이이는 공직에 몸을 담고 각종 행정업무에 몰두했다. 온갖 일을 다 헤아리고 수많은 문제들을 처리해야 했다. 하지만 이황은 안동에 서원을 짓고 후학을 가르치면서 학문에 매진했다.

이이에게 닥치는 일들은 현안이고 중요하지만 시간이 지나면 소멸한다. 그러나 이황에게 닥치는 문제는 당장 해결하지 않아도 아무런 문제가 되지 않고, 애초에 답이 없는 것들이 대부분이었다. 그래서 더 오래, 더 깊이 생각해야 했다.

오래 살면서 오래 생각한 이황, 짧게 살면서 세상의 현안을 다룬 이이. 둘 중에 누가 더 탁월하다고 판단을 내릴 수는 없다.

과거라는 경기에서는 확실하게 이이가 이겼다. 하지만 다른 경기에서는 낙방한 이황에게 졌다. 그 경기는 바로 장외 경기다.

경기장 안의 평가자는 당시의 임금과 조정 신료들이다. 반면에 경기장 밖의 평가자는 역사이고 시대를 넘는 학문의 체계다. 우스운 이야기지만 노벨상을 받는 비결 중 하나는 오래사는 것이라고 한다. 오래 지속하는 것에 힘이 있다.

당신의 직업은
정체성이다

사실 무엇을 오래하는 것은 쉬운 일이 아니다. 무엇이든 오래한다는 것은 자연스럽지 않기 때문이다. 진화 심리학의 관점에서 볼 때 오래하는 것은 구석기인의 품성이 아니다.

오래하는 것은 신석기인의 습성일 것이다. 그들은 먹고살기 위해 한 해에 걸쳐 농사를 지어야 했다. 우리는 먹고살기 위해 하는 노동의 고통과 그 과정에서 흘리는 땀을 경외한다.

누구나 먹고살기 위해 평생 해야 하는 일이 있다. 문제는 먹고살기 위한 직업 시장이 만만치 않은 경기장이란 것이다.

직업은 단순한 밥벌이를 넘어 자신의 정체성이기도 하다. 우리는 성씨가 직업과 무관하지만 서구인은 성씨가 자신의 직업을 드러내기도 한다. 스미스는 대장장이고, 베이커는 제빵사다. 그러니 직업은 바로 자기 자신이다.

요즈음 젊은이들이 취직을 하지 않고 있는 이유 중에는 일자리가 없어서가 아니라, 자신의 정체성을 결정하는 데 어려움을 겪기 때문이라는 것도 있다.

대학에 들어가서는 대기업에 취직하기 위해 치열한 경쟁을 하고, 번듯한 대기업 사원이 되어야 인생에서 승리한 것으로 생각한다.

중소기업에 취직하면 장가가기 힘들다는 푸념을 하는 남학생들도 봤다. 상품화된 결혼에서 직장의 유명세가 스펙을 좌우한다.

사람은 밥을 먹어야 사는 것처럼 일자리는 밥벌이의 수단이다. 살아있는 한 지속적으로 앉아 있어야 하는 자리다. 대부분의 일자리가 나름대로의 독특한 숙달을 요구한다.

아르바이트로 했던 일들이 언젠가는 본인의 우수함을 결정적으로 드러내는 데 엄청난 밑천이 되기도 한다. 기왕에 하는 아르바이트라면 좀처럼 경험하기 힘든 일들을 해보는 것도 좋겠다. 돈 주고도 못 살 경험을 돈 벌면서 하게 될 테니 말이다.

그래서 〈생활의 달인〉이라는 TV 프로그램을 보면 많은 감동을 받는다. 신기하기도 하지만 '어떤 일을 저렇게 오래 하면 저런 경지에 도달할 수도 있겠구나.' 하는 감탄이 터져 나온다.

기계보다 정확히 불량품을 골라내는 사람, 식재료를 자로 잰 것처럼 썰어내는 사람, 엄청 먼 거리에 물건을 던져 넣는 사람에 이르기까지 헤아릴 수 없이 많은 생활의 달인들이 쏟아져 나온다.

그 경지에 이르기까지 쏟은 노력은 실로 대단하다. 그들이 다른 직업을 선택했다면 또 다른 달인이 되었을지도 모른다. 생활의 달인은 일상 속에서 탁월함을 뽐내는 사람이다.

먹고사는 문제에서도 이렇게 탁월함이 두드러지는데, 더 높은 가치를 위해 지속적으로 인생을 건다면 무엇인들 못 이루겠는가?

소명의식으로
지속한다

이 땅에 어떤 일을 하라고 부름을 받았다는 생각이 들면 그 일을 그만둘 수 없다. 이것이 바로 소명의식이다.

밥벌이와 소명을 일치시키는 것이 중요하다. 그러면 그의 일터는 신의 사명을 감당하는 곳이 되고, 폭발적인 에너지가 넘쳐난다.

종교를 갖고 있지 않은 사람도 생각해볼 일이다. 종교가 없을 때 우리가 하는 일이 무엇인가? 끝없이 혼잣말을 하는 것이다. 우리가 하는 말의 70%는 혼잣말이다.

그 말을 잘 들어보라. "넌 할 수 있어, 넌 잘했어." 끝없이 자신을 격려하고 칭찬한다. 혼잣말로 자신을 격려하고 칭찬한다면 영적 파워는 드러나게 마련이다.

베트남의 틱낫한 승려는 『파워의 기술』이라는 책에서 진정한 파워는 바로 영적 파워임을 명확히 했다. 그는 특히 사랑의 힘, 즉 사랑하는 대상을 끝없이 돌보게 만드는 힘을 강조했다.

여기서 지속력은 힘을 발휘하기 때문에 사랑의 대상을 갖는 것이 중요하다. 내 목숨을 다 주어도 아깝지 않은 대상을 놓고 쉼 없이 정진할 수 있다. 그 대상은 진리일 수도 있고 사람일 수도 있다.

동기부여가 되는
목표를 찾아라

우리는 이렇게 수많은 역경을 이겨내며 자신의 목표를 달성해 가는 사람을 영웅이라 부른다. 힘이 센 헤라클레스나 죽음을 비켜 가는 아킬레우스와 같이 인간을 초월한 영웅도 있지만, 보통 사람과 비슷한 영웅도 있다.

그에게는 인간의 능력을 넘는 어떤 특이한 능력이 있는 것이 아니다. 그저 보통 사람보다 약간 더 도덕적이고, 비현실적이고, 기획력이 있을 뿐이다.

이런 사람은 우리 주변에도 널려 있다. 그런 사람을 영웅으로 치켜세우는 것을 보면 그리스인들이 영웅의 조건으로 세웠던 한 가지 가치를 발견하게 된다. 바로 지속력과 신의다.

오디세우스는 이오니아 바다에 있는 이타카 섬의 왕이다. 그는 젊은 시절 헬레네에게 청혼하러 갔다가 실패했지만, 헬레네에게 어려운 일이 생기면 다른 구혼자들과 함께 무조건 도우러 가겠다고 약속했다.

오디세우스는 고향으로 돌아와 페넬로페와 결혼했지만, 트로이 전쟁이 발발하자 헬레네를 돕기 위해 전쟁에 참가한다. 그는 트로이의 목마를 만들어 전쟁을 승리로 이끈다.

하지만 그가 고향으로 돌아오는 길에 무려 10년이라는 세월이 흐른다. 운명의 장난으로 온갖 어려운 일이 생겼기 때문이다.

그는 로토파고스에서 고향을 잊게 만드는 음식을 먹은 동료들을 강제로 끌고 탈출했지만, 키클롭스라는 거인족이 사는 나라에 당도한다.

이마 한가운데 거대한 하나의 눈을 갖고 있는 괴물 키클롭스는 오디세우스의 부하를 붙잡아 바위에 던져 죽인 다음 먹어버렸다. 오디세우스는 키클롭스에게 술을 먹여 달랜 후, 쇠꼬챙이로 눈을 찌르고 간신히 도망쳤지만 마녀 키르케에게 걸려 곤혹을 치른다.

헤르메스의 도움으로 키르케의 마법에 대항하며 간신히 탈출하지만 이번에는 폭풍을 일으키는 세이렌들이 그를 유혹했고, 한쪽에서는 머리가 6개나 되는 괴물인 스킬라가 공격을 하기도 했다.

게다가 여러 해 동안 칼립소의 유혹을 받는다. 오디세우스는 아름다운 칼립소의 유혹으로 정신을 잃다가도 아내와 가정을 지키겠다는 불굴의 의지로 견딘다. 오디세우스의 마음을 얻을 수 없다는 것을 깨달은 칼립소는 그를 놓아준다.

자신의 의지와 무관하게 펼쳐지는 운명의 장난을 모두 극복하고 아내에게 돌아가는 오디세우스의 이야기는 신이 내린 시련에도 굴하지 않고 끝없이 도전하고 극복하는 인간의 우직한 투쟁을 찬양한다.

페넬로페는 오디세우스가 온갖 역경을 이기고 고향으로 돌아오도록 만든 사랑의 대상일 것이다. 우리에게 닥쳐오는 모든 유혹과 역경을 극복하고 쉼 없이 나아가게 만드는 대상은 무엇일까?

사람마다 다르겠지만 한평생을 지속해서 모든 역경을 이기고 달려갈 대상이 있다고 하면 그는 이미 탁월한 사람이 된 것이다. 그런데 그 대상이 눈에 보이지 않고 손에 잡히지 않는다고 하면 어떻게 해야 할까?

누군가 이렇게 말했다. 인생의 목표는 세우는 것이 아니라 깨닫는 것이라고. 목표를 세우고 쉼 없이 정진하는 것도 좋겠으나, 목표가 보이지 않거든 그저 오늘을 살아가는 것으로 충분하다.

그러다 보면 오늘이라는 무수한 점들이 이어져 선이 될 것이고, 언젠가 '나의 목표는 이것이었구나.' 하고 깨달을 날이 올 것이다. 혹시 오디세우스도 한동안 아내를 잊었다가 어느 날 아내의 존재를 깨달으며 집요하게 고향으로 돌아가고자 했던 것은 아닐까?

완벽함을
추구하는
프로 의식

프로와 아마추어의 차이는 기량의 차이도 있지만 마음의 차이도 크다. 군인으로 말하면 사병과 장교의 차이다. 무술의 세계에서는 9단이 지나면 더 이상 단을 높이지 않지만, 이들 사이에서는 절대적인 실력의 세계가 펼쳐진다.

이 장의 목표는 명확하다. 프로 의식을 갖자는 것이다. 아직 탁월하지 않은 당신은 아마추어겠지만, 프로를 지향하라는 것이다. '프로라면 어떻게 할까?'를 염두에 두며 움직이라는 것이고, 언젠가는 프로가 되겠다는 의지를 세워달라는 것이다.

"될성부른 나무는 떡잎부터 안다."라는 옛 속담은 바로 프로 의식을 갖고 있는지 아닌지를 의미하는 것이다. 될성부른 떡잎은 다른 잎사귀들과 비슷하게 생겼어도 기상이 남다르다.

연습에 임하는 자세가 다르고 성장 속도가 다르다. 비록 지금은 고만고만한 무리에 있으나 빛나는 눈동자를 갖고 있다. 그래서 쉽게 포기하지 않고 타협하지 않는다.

눈썹을 베어버린 달마도, 주막을 찾은 애마의 목을 친 김유신도 프로 의식이 충만했다. 비장한 결단이 없는 탁월함은 없다. 날카로운 결단과 높은 기준은 일거수일투족을 변화시킨다.

프로 의식이 생기면 어리광이 사라지고, 행동거지에 기품이 생긴다. 프로 의식이 깃드는 순간, 우리의 삶에는 여러 변화가 생기기 마련이다.

누가
프로인가?

피아니스트 백건우 씨와 절친한 건축가를 우연히 만난 적이 있다. 이름만 대면 알 만한 분이다. 그분은 방학 중에는 파리에서 지내고 학기가 시작되면 한국에서 지낸다고 했다.

그분은 백건우 씨 이야기를 하면서 프로 세계의 일면을 보여주었다. 백건우 씨가 피아노로 빗방울이 떨어지는 소리를 내기 위해 연습한 적이 있다고 한다.

우리는 피아니스트가 빗방울 소리라고 말하고 연주하면 정말로 비슷하다면서 박수를 칠 것이다. 그런데도 천 번을 연습하면서 자신이 원하는 빗방울 소리를 내고자 했다는 것이다.

물론 세계적인 피아니스트에게도 연습은 필요하겠지만 천 번의 연습은 도가 지나치다. 그러나 도를 넘은 지나침이 아마추어는 가지 못하는 길이다.

소리 하나를 탄생시키기 위해 건반을 천 번 두드리는 피아니스트처럼 보석 하나를 만들어내기 위해 원석을 끝없이 갈아대는 장인의 손끝은 굳은살로 가득하다.

그 손놀림에서 기계는 만들 수 없는 섬세한 아름다움을 지닌 보석이 탄생하는 것이다. 장인의 손끝에서 태어난 작품은 돈으로 환산할 수 없을 만큼 커다란 가치를 가진다.

이상적인 완전함을 향한 도전은 적정성을 거부한다. 이 정도면 되었다는 기준이 어디에서 오는지가 중요하다. 시장에서 오면 상품이고, 자신의 내면에서 오면 작품이다.

작품을 만들어내는 장인정신, 이것은 시장의 반응을 흘깃거리는 눈빛이 아니다. 모든 것에 완벽할 수는 없겠으나 자신이 추구하는 완벽함을 향해 도전하는 것은 아름답지 않은가?

진정한 프로는
책임감 있다

프로와 아마추어의 차이는 책임감에 있다. 프로도 사람인 이상 실수를 하겠지만 실수를 대하는 마음이 다르다. 프로는 자신의 작업으로 돈을 벌기 때문에 책임이 크다.

우리는 흔히 프로라고 하면 막 나가는 모습을 상상한다. 최고니까 아쉬운 사람이 기다려야 한다고 생각한다. 이는 자만이지 프로가 아니다. 프로는 기일도 정확하게 지킬 줄 알아야 한다. 시간에 맞추지 못하는 것도 능력부족임을 인정하라.

다른 일을 하느라고 기한을 넘기는 것도 무능이다. 우리는 시간을 맞추지 못하는 것에 대해 욕을 먹는 것은 자신이 아직 아마추어이기 때문에 일어나는 일이라고 생각한다. 프로가 되면 시간에 쫓기지 않고 작품의 완성도에만 집중할 것이라고 착각한다.

진정한 프로는 자신의 책임을 다한다. 나 아니면 안 된다는 생각이 들 때 더욱 스스로를 경계할 필요가 있다. 영원히 나 아니면 안 되는 상황이 보장되지 않기 때문이다.

국산화 연구를 하는 많은 이유 중 하나가 바로 수입품의 가격을 낮추는 효과가 있기 때문이다. 외국 기업의 입장에서는 국산화에 성공하면 시장이 사라지기 때문에 물품 가격을 내려서라도 시장을 유지하고 싶어 한다.

마찬가지로 프로라고 무작정 상대방이 기다리라는 식의 교만한 태도를 지속할 때는 비참하게 버림받는 날이 오고 만다. 그러므로 최고가 되었어도 조심하고 지속적으로 발전해야 한다.

프로는 포장도 프로다워야 한다. 서류의 완성도도 중요한 책임 감의 표현이다. 형식적으로 칸을 채운 서류는 힘이 없다. 서류 하나 를 보면 그 사람의 실력을 가늠할 수 있다. 우리 옛 어른들도 '신언 서판(身言書判)'이라고 해서 서류의 중요성을 일깨운 바 있다.

서류는 얼굴을 마주치지 않은 사람과의 소통 창구다. 여기에는 프로의 향기가 넘쳐야 한다. '와서 보면 되지 뭐.' 하고 생각하기 쉽 지만, 사실 모든 것은 서류로 시작해서 서류로 끝난다.

미국 피츠버그에는 웨스팅하우스 본사가 있다. 그곳에 원자력 발전소의 핵연료 장전 라이선스를 위한 회의를 하러 간 적이 있다.

우리는 200개 정도의 질문을 준비했고, 웨스팅하우스의 연구자 들이 답변을 했다. 질문에 적절한 계산과 근거를 제시하고 만족스 러운 답변을 돌려주면 질문을 지워가는 형식의 회의가 이어졌다.

그러다가 연구원에게 즉석 질의를 했다. 그는 잠시 생각하다가 머리를 긁더니 탄광에 갔다 오겠다고 했다. 갑자기 웬 탄광? 알고 보니 그들은 탄광에 도서관을 만들어놓고 핵전쟁이 나더라도 자신 들의 서류를 지키고자 한 것이다.

그들은 모든 지적 결과물을 서류화해서 보관하고 있었다. 실험 장치는 사라지더라도 그 설계와 결과물과 해석은 서류의 형태로 영원히 남는다. 필요하면 그 서류를 보고 다시 실험 장치를 만들 수 있어 언제든지 재현 가능하다.

이것이 프로의 세계다. 자신의 일을 기록하는 능력, 또한 문서로 소통할 줄 아는 능력이 참으로 중요하다. 소통이 정상적으로 이루어질 때 프로의 결과물은 깊은 인상을 남긴다.

프로의 시뮬레이션

프로는 실수하지 않는다. 그림 그리는 것으로 말하자면 개칠을 하지 않고 일필휘지로 끝내는 것이다. 왜 그럴까? 이미 마음속에서 그림을 완성했기 때문이다. 그러니 그림을 그리는 것은 프린터가 전달된 파일을 찍어내는 것과 다를 바 없다.

학생들의 만족도가 하늘을 찌르는 강의를 하는 교수가 있다. 강의를 어떻게 준비하는지 물어봐도 다른 사람과 큰 차이가 없다.

그는 강의실에 가기 위해 오르는 계단에서부터 이미 그날 강의 시뮬레이션을 끝낸다고 한다. 심지어 학생이 무슨 질문을 할 것인지조차 예견한다. 어쩌면 학생을 바라보면서 예상한 질문을 하도록 유도할지도 모른다.

그의 수업은 각본이 잘 짜인 연극이나 마찬가지다. 그러니 지식의 전달에만 급급한 다른 교수의 강의와 달리 감동의 포인트가 여러 차례 발생한다.

전자회로의 프로 엔지니어를 만나서 어떻게 그렇게 전자회로를 잘 만드느냐고 물어보자 대답은 간단했다. 회로 전체가 머릿속에 있고, 각 지점에 오실로스코프를 대면 머릿속에 신호가 떠오른다고 한다. 그래서 몇 번이고 머릿속으로 시뮬레이션을 돌려보다가 완성되면 비로소 일을 시작한다. 이것이 프로다.

프로 바둑 기사의 실력은 몇 수 앞을 내다보느냐다. 그의 머릿속에서는 바둑판이 수없이 그려지고 지워진다. 프로는 대부분의 상황을 미리 예견하고 적중률을 높인다. 그래서 프로는 잘 틀리지 않는다.

손정의 회장은 프로 승부사다. 그는 기업을 M&A 하는 이 위험천만한 모험에서 시뮬레이션의 중요성을 강조한다.

그는 시뮬레이션에서 70% 이상의 승률이 나오면 베팅에 들어간다고 한다. 탁월한 승부사는 리스크를 한없이 수용하다가 결정적인 한 방을 기다리는 것이 아니다. 이미 마음속에서 승률을 최대한 끌어올린다.

시뮬레이션 능력은 어떻게 함양되는가? 부단한 노력밖에 없다. 자세히 관찰하고, 수없이 해보는 것이다. 시뮬레이션을 해서 내놓은 예측과 실제 상황이 다르게 돌아가면 실력이 모자란 것이다.

내가 프로라면
어떻게 할까?

"내가 대통령이라면 어떻게 할까?"라고 질문을 해보면 대답이 쉽지 않다. 내 결정이 사회에 직접적으로 영향을 줄 것이기 때문이다. 그러므로 피해를 최소화하기 위해 마음속에서 수없이 시뮬레이션을 돌린다.

나는 학생들에게 "내가 세계 최고의 학자라면 어떻게 할 것인가?"라는 질문을 스스로에게 던져보라고 한다. 내가 세계 최고라면 이 문제를 이렇게 접근하지는 않을 것이라고, 뭔가 다른 것을 생각하는 순간 자신의 한계 너머로 나아가게 될 것이다.

혹시 정점에 도달한 사람을 안다면 그 사람의 얼굴을 그리면서 생각해보라. '그라면 이렇게 하지는 않을 것이다.' '그라면 이런 문제에는 눈길도 주지 않았을지 모른다.' '그에게 더 중요한 문제가 무엇일까?' '그가 밤을 새워가며 몰두할 문제가 혹시 여기 있지 않을까?' 하며 프로의 눈에 걸리는 것을 찾아보고자 하는 과정에서 당신은 세계 최고가 될 것이다.

당신이 프로라면 눈앞에 닥친 어려움으로 징징대서는 안 된다. 고난은 당신이 프로라는 걸 보여줄 절호의 기회다. 남들이 오르지 못하는 곳을 오르면 진정한 프로임을 입증하는 것이다.

문제가 닥쳐오면 피하지 말고 정면으로 돌파하라. 그것이 프로의 자세다. 정면으로 부딪치면 그 문제는 생각보다 작고, 당신이 충분히 해결할 수 있다는 것을 알게 된다.

하지만 두렵다고 피한다면 그 문제는 점점 자라나 당신이 도저히 해결할 길이 없는 괴물로 바뀌고 말 것이다.

프로는
다산한다

노벨상을 받은 사람들의 특성을 분석한 보고서가 있다. 그 보고서에는 수상자들이 대학생이나 대학원생 시절에 어떤 특성을 보였는지 세세하게 나와있다.

참으로 신기한 것은 그들이 보통의 학생들보다 10배 정도 많은 연구 결과를 생산하더라는 것이다. 한 마디로 탁월한 이들의 주요한 특징은 다산이다.

다산을 장려하는 사회는 프로가 아닌 사람들에게 가혹한 환경이다. 다산을 위해 일을 매우 빨리 해내는 집중력을 갖춰야 한다. 쓸데없는 일을 하지 않는 효율성을 갖춰야 한다. 문제의 본질에 빠르게 접근하는 놀라운 전략을 소유해야 한다.

이 모든 것은 당신 안에 있다. 당신이 찾아 쓰지 않은 것뿐이다. 내면의 창고에 잠든 능력들을 꺼내서 마음껏 사용해야 한다. 이것을 꺼내는 일은 어렵지 않다. 주변에 흔하게 널린 도구들을 이용해 꺼내면 된다.

우리 모두에게는 자신을 통제하는 선이 있다. 이 선을 깨부수는 게 가장 중요하다. 그러기 위해서 자신을 세계 최고라고 상상하며 기준을 다시 세우는 작업이 절대적으로 필요하다.

간혹 어떤 이는 자신은 아직 어리므로 60세가 되어야 무엇을 하고 70세가 되어야 무엇을 할 것이라고 말한다. 그는 나이에 따라 무엇을 하는지에 대한 기준을 갖고 있다.

그런데 훨씬 어린 사람들이 이미 그가 얘기한 일들을 이룬 경우도 있다. 때로는 자신의 말이 함정이 되기도 한다. 한계를 규정하는 생각을 지우고 할 수 있을 때 최대한 다산하라.

프로는
프로를 키운다

어머니는 아이를 키우는 프로고, 농부는 곡식을 키우는 프로다. 프로에게 레슨을 받는 것과 아마추어에게 레슨을 받는 것은 큰 차이가 있다.

프로는 또다른 프로를 키워내고, 자신을 뛰어넘는 탁월한 존재를 키운다. 프로는 상대방의 마음에 씨앗을 심어서 비전으로 활활 타오르게 만든다.

아인슈타인의 일화를 살펴보자. 그는 4살이 다 되도록 말을 하지 않아서 부모의 속을 썩였다. 똑똑한 아이를 둔 부모는 아이의 천재성에 감탄하지만, 또래보다 느린 아이를 둔 부모의 마음에는 공포가 자라기 쉽다.

하지만 친척이 사온 나침반을 본 순간, 아인슈타인의 마음이 크게 움직였다. 나침반을 본 아인슈타인은 한동안 멍하니 그것만 바라보았다고 한다. 마음속 씨앗이 싹튼 것이다.

그는 늘 일정한 방향을 가리키는 바늘에 작용하는 보이지 않는 힘에 감탄했고, 눈에 보이지 않는 세계에 대한 호기심을 키웠다. 세계 최고의 과학자가 된 데는 이러한 배경이 있다.

씨앗을 키우는 데는 에너지가 필요하다. 나무는 태양에서 에너지를 얻어 물과 이산화탄소를 합성한다. 그 결과로 열매를 맺고, 짐승들을 배불리 먹인다.

얼마나 탁월한 존재인가? 우리 마음속의 나무를 키우기 위해서도 햇빛이 필요하다. 밝은 마음, 된다는 마음, 기다리는 마음, 즐거워하는 마음, 이 모든 긍정적인 마음이 햇빛이다. 마음에 구름이 끼고 비가 내리면 우리의 탁월함은 성장을 멈춘다.

나뭇잎 굴러가는 것만 봐도 웃음이 터진다는 청소년 시절은 옛말에 불과하다. 요즘 학생들의 마음에는 기쁨이 없다. 인생의 고단함으로 찌들어 있다.

하지만 겨울이 아예 오지 않는 것도 부자연스럽다. 나무는 매서운 겨울을 견뎌냄으로써 단단한 나이테를 만든다. 겨울이 다가오면 나이테를 만들기 위해 찬란하던 초록 이파리를 모두 떨구는 것이다. 햇빛이 필요 없다는 의지의 신호다.

나무는 모든 이파리를 떨어뜨리고 찬 바람 부는 벌판에 나목으로 선다. 바람에 잔가지가 부러질지언정 핵심만은 단단히 간직하는 나무의 용기에서 인내와 성장의 미덕을 배워야 한다. 굶주림과 몰인정을 견뎌내는 것도 성장을 이루는 요소다.

많은 사람이 탁월한 자질을 갖추고도 겨울을 나지 못한다. 세상이 나를 알아주지 않는다고 한탄하고, 자멸하는 경우가 있다. 겨울을 나지 못하고 생을 마감하는 생물과 다를 바가 없다. 따스한 햇볕이 쏟아질 때까지 겨울의 야만을 견뎌내야 한다.

초반에 크게 성공하면 그 후에 닥치는 겨울이 너무나 춥게 느껴져서 더욱 힘들다. 겨울에는 꽃을 피울 수 없는 게 당연하다. 생존하는 것만으로도 대단한데, 꽃을 피우지 못하는 상황에 한탄한다.

시대를 앞서간 작가 전혜린도 우리나라의 남성 위주 사회가 만든 추운 겨울을 나지 못하고 스스로 생을 마감했다. 『그리고 아무 말도 하지 않았다』라는 수필에 그가 겪은 추운 겨울이 보인다.

한없이 뻗어만 가는 식물에 아름다운 꽃, 달콤한 열매가 없다면 재미없다. 아름답고 향기로운 꽃은 곤충을 불러들여 다음 세대를 위한 열매와 씨앗을 만든다. 죽어도 완전히 소멸하지 않는다. 이것이 성장의 완성이다.

모든 생물은 번식을 마치면 삶을 마친다. 일년생 초본은 꽃을 피우고 씨앗을 만들어내는 것으로 일생을 마감한다. 하지만 꽃은 죽더라도 씨앗은 기어이 다음 생명을 만들어낸다. 씨앗을 뿌리는 것은 자신의 탁월함을 세상에 알리는 일이다.

소설가는 소설을 써서, 예술가는 작품을 전시해서 자신의 존재를 세상에 알린다. 출간하고 전시하는 것은 자신을 공공에 알리는 행위다. 이 행위를 통해 나의 존재는 씨앗이 되어 사람들의 마음속에 뿌리를 내린다.

많은 사람이 꽃을 피우지만 씨앗을 뿌리지는 않는다. 씨앗을 만들려면 수정이 필요한 것처럼, 내면에 다른 요소가 들어와 결합해야 한다. 다시 말해 공공성이라는 꽃가루가 나의 꽃에 날아들 때 비로소 씨앗이 만들어진다.

탁월한 꽃은 씨를 맺는 꽃이다. 공공성을 통해 공적인 것으로 거듭나는 과정이 씨를 맺는 일이다. 공공성이 없는 탁월함은 많은 사람의 가슴에 자리할 수 없다.

탁월함이 공공성을 갖췄을 때, 파급효과는 커지고 수많은 사람의 가슴속에 살아남는다. 혼자 크는 것이 아니라 많은 사람의 마음을 쥐고 흔들며, 시대를 뛰어넘는 감동을 자아낸다.

예수는 십자가에 못 박혀 죽은 뒤에도 수많은 사람의 마음속에 살아 있지 않은가? 제자를 가르치며 십자가의 죽음에 이르는 삶은 공공성의 꽃가루가 날아든 공적인 삶, 즉 공생애였다.

한 알의 밀알이라도 땅에 떨어진다면 그 죽음은 헛된 것이 아니다. 수많은 밀알을 만들어내는 탁월함의 비밀이 여기에 있다.

성장은
한 걸음씩

나무는 나이테를 만들면서 몸통이 커지지만, 속이 빈 대나무는 죽순 때부터 굵기가 정해진다. 그러고는 쑥쑥 자라면서 마디를 하나씩 완성한다.

일본 제일의 사무라이 무사시는 자신에게 검술을 배우려는 제자들에게 과학의 비결을 알아야 한다고 가르쳤다. 그가 말하는 과학이란 작은 것을 더해가며 위대한 완성품을 만들어내는 과정을 의미한다. 우리는 그 과정은 알지 못하고, 완성된 작품만 보는 데 익숙하다.

하지만 과학자들의 위대한 발견은 커피숍에서 갑자기 떠오른 방정식, 페트병에 진공청소기를 붙여 간단히 만든 실험 장치에서 시작되기도 한다.

모두가 이런 시시한 것에서 태어난다. 보잘것없는 것이 점점 복잡해지고, 세련된 모습으로 변해서 마침내 위대한 명작으로 탄생하는 것이다.

맨 처음 라이트 형제가 만든 비행기와 오늘날의 초음속 제트기 모습이 얼마나 다른가? 미국의 스미소니언 박물관에 가면 로버트 고다드가 만든 로켓을 볼 수 있다. 가는 대롱 몇 개로 만든 조잡한 장난감이 우주 탐험의 길을 열었다고 하면 믿을 수 있겠는가?

모든 위대함은 시시한 것에서 자라났다. 자라는 동안 봄의 화창한 햇살을 받을 때도 있고, 여름의 격정도 있었으며, 가을의 건조한 햇살도 있었고, 절망스러운 겨울도 있었다.

이들은 모든 계절을 겪고 나서야 아름다운 꽃을 피우고 씨를 뿌린 것이다. 공공성의 꽃가루를 잊지 말아야 한다. 이것이 탁월함을 완성하는 핵심이다.

세상에 없는 걸
만드는
인문학적 성찰

탁월함에 이르기 위해서는 인문학적 성찰이 필수적이다. 인문학적 감수성이 부족하여 벌어지는 어처구니없는 상황이 곳곳에 존재한다. 그야말로 개발을 위한 개발로, 모두가 왜 이것을 해야 하는지도 모른 채 별다른 생각 없이 개발하기만 한다.

조지 오웰이 과학자라는 부류에게 내린 평가는 냉혹하다. 그는 히틀러가 정권을 잡고 있던 시절에 독일 과학자들이 취한 행동에 대해 신랄한 비판을 가했다.

핍박받은 유대인을 제외하고 독일의 지식인 중 나치를 피해 망명한 사람들을 보면 과학기술자가 가장 적었다고 한다. 심지어 그들은 나치의 사상에 동의하기까지 했다.

그들은 자신이 지닌 기술과 지식으로 나치가 전쟁 무기를 개발하는 일을 도왔다. 인문학적 성찰이 부족했기 때문이다.

그래서 결국 '자유'라는 인문학적 화두를 내건 미국의 과학에 패배해 무릎을 꿇었다. 미국은 전 세계의 탁월한 과학자를 불러 모았지만, 나치는 그들만의 세계에 고립되어 있었다.

인문학적 성찰이 없으면 기존에 있는 것을 베끼는 것으로 경쟁할 수밖에 없다. 탁월한 존재가 되려면 달라져야 한다. 그러기 위해서 먼저 우리의 내면과 주변에 존재하는 인문 결핍 증상을 살펴보자.

인문 결핍
증후군

인문 결핍 증후군(HDS : Humanity Depletion Syndrome)을 가장 심하게 앓고 있는 환자는 이공계인이다. 책을 많이 읽으면 어느 정도는 스스로 깨우칠 수 있지만, 대부분 대학교 교양 과정에서 인문학적 사고와 멀어진다.

그래서 영혼이 텅 빈 개발자가 된다. 주어진 일은 빈틈 없이 완성하지만, 거기에 영혼은 담기지 않았다. 최종 목표는 사람이 필요

없는 세상이다.

이공계인들은 왜 이렇게 살아갈까? 인간으로서 살아가는 데 필수적인 영양소가 결핍되었기 때문이다. 자신이 하는 일의 가치와 목적을 계량하지 못하는 것이다.

인문 결핍 증후군이라는 증상을 호전시키려면 많은 약을 먹어야 하고, 오랜 시간을 투병해야 한다. 때로는 약발이 전혀 듣지 않는 중증까지 가기도 한다.

스토리의 중요성

요즘 효율적인 충청도 화법이 인기를 끌고 있다. "개 혀?" "쫌혀." 이런 식이다. 그래도 이렇게 짧게라도 대화를 나누는 게 바람직하다. 이제 조용한 가정을 넘어 대화가 실종된 사회가 되었다.

심형래 감독의 영화 〈디워〉는 당시로서는 뛰어난 그래픽 기술을 사용했다. 나도 영화관에서 용이 건물을 감싸고 올라가는 장면을 보고 환호했던 기억이 있다.

그러나 얼마 지나지 않아 스토리가 없다는 지적이 여기저기서서 나왔다. 일리 있는 주장이지만 그들은 매국노라는 악플에 시달렸다.

똑같이 그래픽 기술로 승부를 본 제임스 카메론 감독의 영화

〈아바타〉는 다른 평가를 받았다. 그래픽 자체는 〈디워〉와 비교해서 그닥 큰 차이가 없지만 많은 사람들이 몰렸다.

이유가 무엇일까? 〈아바타〉는 〈디워〉와 다르게 스토리가 있기 때문이었다. 그래픽 기술과 스토리의 대결에서 스토리가 압승했다.

이처럼 이야기를 채집하고 만들어내는 일이 중요하건만, 아직도 단순히 멱살을 잡고 다투는 경우가 너무 많다. 이야기의 실종은 바로 인문 결핍 현상의 결과다.

우리는 출퇴근만 반복하는 단조로운 일상에서 점점 이야기를 잃어가고 있다. 직접 이야기를 만들지 않더라도 TV 프로그램이, 유튜브가 대신 이야기를 만든다. 그러니 매체에서 해주는 이야기만 들으면 그만이다.

자녀와 산길을 걸으며 산야초라는 이름에 얽힌 유래를 말할 기회도 없다. 아니, 애초에 유래가 무엇인지조차 잘 모른다. 이야기는 생산성이 없다고 헐뜯으며, 살아가는 데 필요한 지식을 나누면 그만이다. 인문 결핍 증상이 심각하다.

물질만능주의는
질병이다

잡스가 작은 기계 하나를 들고 등장하자 사람들은 일제히 감탄한다. 그들은 잡스 덕분에 오를 주식으로 벌어들일 이득을 셈하고 행복을 느끼는 것이다.

언제부터 우리는 연일 감탄하며 살아간다. 하지만 심금을 울릴 정도의 감동은 실종되었다. 스마트폰에서 눈을 떼지 못하고 감동으로 눈시울을 훔쳤다면 중증 환자나 다름없다.

우리는 정교한 예술 작품을 보고, 기막힌 노래 한 곡을 듣고 눈물을 흘린다. 가슴이 벅차 말을 하지 못하고 눈물만 흘리는 정도의 감동은 마음을 열고 대상을 받아들이는 진정한 교류에 기초한다.

눈을 사로잡고 지갑을 열게 만드는 신제품을 향한 잠깐의 감탄이 아니라, 마음속으로 스며들어 오랫동안 함께하는 여운을 느껴야 한다. 감동으로 말을 잃고, 눈물 흘리는 순간이 점점 없어진다. 감동의 상실은 인문 결핍 증후군의 증거다.

돈은 많은데 교양은 없는 사람을 만나면 당황스럽다. 찬란한 문명을 갖췄는데 문화가 저급한 나라를 보면 당황스러운 것과 마찬가지다. 우리는 문화와 문명의 불균형을 겪고 있다.

과거에 우리는 고유한 문화를 가지고 있었다. 비록 가난하고 어려운 상황이었지만, 사회를 감싼 예절과 의가 있었다.

그러나 자본주의를 아무런 비판 없이 받아들이면서 이전의 문화를 해체하고 있다. 사라져가는 문화를 안타까워하는 이도 적다.

외국 문화를 맹목적으로 찬탄하는 사람이 많아도 뭐라고 할 수 없다. 작금의 우리 문화가 선진국의 그것에 훨씬 못 미치기 때문이다. 고유한 문화를 만들어내는 힘이 없는 사회는 인문학이 심각하게 결핍된 사회다.

우리는 이제 선진국으로 진입하려 하지만 문화 선진국이 되기에는 멀었다. 좋은 대한민국을 넘어 위대한 대한민국을 만들기 위해서는 우선 치열한 인문학적 성찰을 통해 문화 선진국을 만들어야 한다.

인문학적 사고에서 시작해야 한다

인문학적 소양이 부족하면 탁월함에 이르는 과정에서 결정적인 문제가 발생한다는 걸 깨달았을 것이다. 그렇다면 어떻게 인문 결핍 증후군을 치료할 수 있을까?

일단 모든 것은 인문학적 질문에서 출발해야 한다. 인문학적 질문에서 출발해 현재 던지는 질문까지 말할 수 없다면 차라리 대화를 관두는 편이 낫다.

어느 공학자가 이런 말을 했다. "테라헤르츠 전자파를 사용하면 건물 내부에서도 사람이 어디에 있는지 알아낼 수 있습니다. 우리는 테라헤르츠 전자파를 발생시키고 이를 처리하는 기술을 개발해야 합니다."

사람들은 고개를 끄덕이며 말한다. "그러면 범인을 색출하는 데 좋겠군." "건물 내부에 물건이 어디에 있는지 간단히 알아내겠군." "이거 잘 팔리겠는데. 김 상무, 우리 한번 투자합시다." 이것이 우리의 통상적인 대화다. 모든 것이 물질적인 이득으로 돌아간다.

이렇게 얘기하는 건 어떨까? "우리는 지금 어디에 있습니까?" "우리는 물리적 위치, 사회적 위치가 다릅니다. 그렇지만 물리적 위치는 사회적 위치에 영향을 줍니다. 방이 어디인지, 의자의 높이는 어떠한지, 사용하는 공간의 크기에 따라 다릅니다. 이런 사회적 위치에 영향을 주는 물리적 위치를 정확히 아는 기술이 필요할지도 모릅니다. 현재 테라헤르츠 전자파를 사용하면 알 가능성이 있습니다. 하지만 이를 이용해 위치를 정확히 알게 되면 건물 내부 곳곳에 누가 어디에 있는지, 무엇이 어디에 있는지 알게 됩니다. 건물의 안전은 대폭 증대되겠지만 개인의 사생활은 침해될 것입니다."

이런 식으로 고지식한 말을 하면 당장 나가라는 고함이나 들을 게 틀림없다. 샌님 같다거나 말을 못하는 얼간이 취급을 받을 것이다. 하지만 우리 사회는 인문학적 질문에서 출발해 현안에 이르는 훈련이 필요하다.

시를 하나 놓고 출발해도 좋다. 예컨대 '연탄재 함부로 발로 차지 마라.'로 시작하는 안도현 시인의 시 〈너에게 묻는다〉를 놓고 시작하는 것이다. 의인법을 사용한 시를 놓고 연구 대상을 다시 해석하도록 하자.

우리 사회에 필요한 이야기

북대서양의 한복판에 아조레스라는 작은 섬이 있다. 그 섬은 북대서양을 지나는 모든 배들이 마지막으로 들러야 하는 정류소와 같은 곳이다.

그곳에는 '피터의 카페'라는 조그만 카페가 있다. 화물선에서 크루즈에 이르기까지 다양한 선박이 머물고, 사람들은 카페에 몰려와 차를 마시며 담소한다. 작은 섬, 시원한 음료수, 흥겹고 진솔한 만남은 좋은 추억으로 남는다.

다시 만날 기약이 없기에 사람들은 마음속 깊이 품은 생각을 털어놓고 이야기를 나눈다. 그들은 서로서로 털어놓은 이야기를 가슴에 담고 돌아가 평생 그 추억을 안고 산다.

우리 사회에는 이런 대화가 없다. 끝장 토론, 100분 토론을 추구하며 대상을 추적하고 수첩을 펼쳐 든다. 나름대로 장점은 존재하지만 메마르고 날카롭다. 물론 연예인들이 나와 즐거운 이야기를 나누는 프로그램도 있지만, 여기에는 예리한 지적이 없다.

적당히 쌉쌀한 맛을 낼 수는 없을까? 그러려면 중원의 고수들을 불러내야 한다. 한동안 그 조건을 만족하는 몇몇 연사가 등장했지만 금세 사라졌다.

다양한 학문을 하는 사람들이 한 가지 주제를 놓고 자유롭게 의견을 주고받는 대화가 활성화되면 좋겠다. 외국의 〈TED〉를 보라. 누구든지 18분 동안 자기 생각을 말해야 하는 심플한 규칙을 가지고 활발하게 이야기한다.

우리나라에서도 이와 비슷한 테크플러스포럼(techplusforum)이 진행된 적이 있다. 기술(technology)과 경제(economy), 문화(culture), 그리고 인간(human)을 합치자는(plus) 취지다.

연사가 18분 동안 자유롭게 말하는 지식 콘서트라는 개념으로 진행된 이 프로그램은 8천 명이 참여해 열기로 가득했다. 이런 포럼이 앞으로 더욱 많이 생기고 널리 퍼지기를 소망한다.

18세기 유럽에서 살롱과 극장에 벌어졌던 지식 콘서트가 유럽인의 교양을 살찌운 것처럼 우리 생활의 질을 바꾸는 문화가 되길 소망한다.

인문학적 가치란
무엇인가?

인문학적 성찰은 문학·철학·역사학을 공부하는 것을 의미한다기보다 문학·철학·역사학이 담고자 했던 인문학적 가치를 성찰하는 것이다.

인문학적 가치란 무엇일까? 인간이 추구해야 할 변치 않는 가치를 의미한다. 일찍이 그리스 사람들은 이것을 진리, 선함, 아름다움으로 보았다.

우리는 이 가치를 구현하기 위해 고민할 필요가 있다. 내가 하는 일, 내가 하는 말, 내가 사는 시공간, 내가 소유한 것 속의 진리, 선함, 아름다움은 이루 헤아릴 수 없이 많은 부분을 성찰할 수 있다.

인문학적 가치 성찰을 통해 우리는 무엇을 버리고 지켜야 하는지 깨닫는다. 또한 자신을 객관적으로 들여다보는 능력이 생긴다. 스스로를 성찰하는 능력은 바로 가장 강력한 자아 치유법이다.

자신을 돌아보면서 내면의 소리에 귀 기울이면 모순과 충돌을 조정할 관점, 즉 인문학적 성찰을 할 수 있다.

오늘날의 기술주도 사회에서 인문학적 성찰은 단순히 팔아먹을 제품의 경쟁력을 높이기 위한 술책이 아니다. 잘 살펴보면 과학기술은 사람을 돕기 위해 기계를 만들었지만, 이제 그 기계는 사람을 밀어내고 일자리를 차지했다.

노동의 즐거움과 존재 의미를 성찰하고 이 부분에서 새로운 방향성을 모색해야 한다. 모든 것의 탁월함, 즉 아레테를 추구하는 것에는 인문학적 성찰이 필요하다.

3부

평범한 사람이
탁월해지기 위한
7가지 도구

범한
범한
범한
범한
범한
범한
범한
범한
월함

평범한
평범한
평범한
평범한
평범한
평범한
평범한
평범한
평범한
평범한

탁월함의 조건을 모두 갖췄다고 탁월해지는 것은 아니다. 잘못하면 그저 이상한 사람이라는 취급을 받고 말 뿐이다. 꾸준한 연습과 실천으로 결과를 내는 게 중요하다.

끝없는 노력은 양보다는 작은 것을 쉼 없이 실천하는 것이다. 그 작은 실천이 쌓이고 쌓여 부족했던 조건들도 갖춰지고, 남이 보면 대단해 보이는 일들이 수월해진다.

경기장 밖으로 나오는 것, 그 밖에 무수하게 난 길 중에서 나아갈 곳을 정하는 것, 그리고 아무도 가지 않은 길을 그저 쉼 없이 가는 것, 그래서 마침내 도달하는 것, 이것이 탁월함으로 도달하는 여행길이다.

탁월함으로 향하는 여행길에는 절벽과 시냇물 같은 위험이 잔뜩 있다. 그러니 도구가 없어서는 곤란하다. 탁월함으로 떠나는 여행에 필요하고 유용한 도구들을 하나하나 챙겨보자.

탁월함을 찾아 떠나는 여행인 만큼 아라비아 사막에서 얻은 희귀한 약품이나 마술 호리병 같은 진귀한 도구들이 필요하리라고 생각할지도 모르겠다.

하지만 우리에게 필요한 도구는 우리 주변에 있는 흔하디흔한 것들이다. 노트, 도서관, 편지, 시계, 작업실, 멘토, 카페 같은 흔한 것에 무슨 유용성이 있을까?

그런데 바로 이것들이 우리의 일상에서 탁월함을 끌어낼 수 있다. 위대한 기타 연주자가 평범한 기타로 가슴을 흔드는 명곡을 연주하는 것처럼 말이다. 탁월함은 일상 여기저기서 우리에게 손짓한다. 이제 그 도구들을 하나씩 살펴보자.

반드시
휴대해야 하는
노트

　농부에게 낫처럼 요긴한 물건이 또 있을까? 농부는 낫으로 잔가지를 치기도 하고, 물건을 다듬기도 하고, 시원한 그늘 밑에서 과일을 깎아 먹기도 한다.

　쓸모가 많은 도구는 항상 가지고 다니면 편리하다. 사람들이 외출할 때 반드시 챙기는 것이 스마트폰이다. 집에 두고 나오면 온종일 안절부절못하기도 한다. 이처럼 반드시 휴대해야만 하는 도구, 그것은 꼭 필요한 도구다.

　탁월함의 여행에서도 반드시 필요한 도구가 있다. 바로 노트다.

노트에 필기해본 적 없는 사람이 어디 있을까? 하지만 우리의 노트는 대부분 처음 몇 페이지에만 글씨가 몇 자 적혔다가 어느새 책꽂이 한편에 꽂힌 채 찬밥 신세가 된다.

우리의 생각은 빠르게 휘발되기 때문에 이를 붙잡고, 보완하기 위해서는 노트가 필요하다. 노트 귀퉁이에 간단하게 한 줄 적는 것만으로도 충분하다. 나중에 그 문장에 새로운 생각을 입혀나가면 되기 때문이다.

바로 여기서 마인드맵이라는 기법이 탄생했다. 꼬리에 꼬리를 물고 문장을 적어내려가는 과정에서 생각의 전체적인 구조가 드러난다. 멀리 떨어져 있던 생각이 살아나고 새로운 생각이 싹튼다.

종이와 연필을 비롯한 필기구는 기록의 필수품이다. 인류는 종이가 바스락거리는 소리를 들으며 발전했다. 눈물 젖은 노트 한 조각에서 아픈 추억을 생생히 떠올릴 수도 있으며, 음식 자국이 남은 종이에서 즐거운 추억을 떠올릴 수도 있다.

지나간 기억과 생각을 글로 응축시키는 노트는 작은 생각을 위대하게 만드는 강력한 도구다.

나만의
원더랜드

탁월함으로 떠나는 여행의 지도는 명확하지 않다. 남이 내놓은 길을 따라가는 것이 아니기 때문이다. 지형은 내가 하는 행동에 따라 수시로 바뀐다.

우리의 일상은 다양한 일로 가득하다. 컴퓨터를 켜놓기만 해도 시시각각 울리는 메신저의 알림으로 정신이 흐트러진다. 그러니 무슨 일이든 집중해서 처리하기란 여간 어려운 일이 아니다.

그러나 노트를 쓰면 여러 일로 정신이 산만해져도 내가 마지막으로 했던 생각을 붙잡을 수 있다. 몇 장을 이리저리 펼쳐보면 그당시로 돌아가 이어서 작업할 수도 있다.

지셴린은 그가 회의 중에 얼마나 많은 일을 처리했는지 설명한다. 그는 자유로운 시간보다 회의 시간에 더 많은 영감을 얻었다고 한다. 아인슈타인에게도 회의 시간에 갑자기 영감을 받아서 노트에 새로운 방정식을 썼다는 일화가 있지 않은가.

노트 한 권만 있으면 모든 장소가 작업장으로 변한다. 노트를 펴는 순간 나의 세계로 날아가는 것, 그것은 마치 『이상한 나라의 앨리스』에서 시계 토끼가 인도하는 굴과 같다.

노트를 펼치면 나의 원더랜드에서 마음껏 놀고 난 후에 노트를 닫으면 현실로 돌아오는 것이다. 이 얼마나 탁월한 도구인가?

노트 필기도
하이브리드 시대

점토판에서 파피루스로, 파피루스에서 종이로 서서히 변해온 인류의 기록 방식은 이제 디지털이라는 새로운 미디어로 성장했다.

디지털 시대는 파피루스나 종이를 만들기 위해 생명을 희생하지 않고도 지식을 기록할 수 있는 시대다. 양피지로 만든 하버드대학교의 졸업장을 야만이라며 거부했던 헨리 데이비드 소로가 디지털 시대를 본다면 매우 좋아했으리라.

하지만 컴퓨터를 거부하는 사람들도 많다. 그들은 종이에 연필로 꾹꾹 눌러쓰는 아날로그 방식을 고수한다. 이러한 방식이 주는 장점이 한둘이 아니기 때문이다. 육체노동이므로 속도가 더디지만, 더 많은 생각을 할 수 있고, 더 좋은 단어를 찾을 수 있다.

노트에 낙엽을 붙여서 향기를 고스란히 남길 수 있는 건 덤이다. 어쩌다 흘린 커피 자국, 눈물 자국, 콧물 자국도 오롯이 남는다. 지우개로 지우다가 남은 옛 생각의 흔적이 질펀하다. 이런 면에서 종이와 연필은 실로 탁월하다.

반대로 디지털을 좋아하는 사람도 많다. 모든 것을 전자기기로 처리하고, 새로운 애플리케이션이 나오면 열광한다. 얼리어답터로서 문명의 최선봉에 서고자 한다.

이미지는 수없이 복제되어 여기저기 흔적을 남긴다. 동영상은 창문에 부딪히는 빗방울이나 커피잔에서 피어나는 김의 흔들림까지 보여준다. 언젠가는 그 순간의 냄새까지 전달하는 기술이 개발될지도 모른다.

아날로그와 디지털을 함께 사용하는 하이브리드 방식은 어떨까? 개념을 노트에 직접 스케치하고 자료를 덕지덕지 붙이는 방식으로 말이다.

어느 정도 정리가 되면 컴퓨터를 켜고 문서를 작성한 다음 프린터로 출력한다. 출력한 결과물은 다시 노트에 붙여서 들고 다닐 수 있다. 디지털 기기가 없어도 언제든지 볼 수 있는 것이다.

이것은 개성의 영역이니 무엇이 더 좋다고 판가름할 수 없다. 개인이 결정할 부분이다. 아날로그만 고집하는 것도 방법이고, 디지털만 고집하는 것도 방법이다.

노트와
사랑에 빠져라

연애를 하면 상대방이 보고 싶어진다. '결혼을 왜 하는가?'라는 물음에 매일 저녁 헤어지는 고통에서 해방되고자 결혼한다고 말하는 연인들이 많다.

추운 겨울에 애인을 집까지 데려다주고 지하철이 끊겨 걸어갔던 사람도 꽤 있을 것이다. 한강 다리를 건너면서 살을 에는 바람결에도 굴하지 않는 사랑의 힘은 내일이 오면 애인을 볼 수 있다는 희망에서 비롯된다.

몇 장 쓰다가 책꽂이에 꽂힌 노트는 주인에게 실연당한 것이다. 다시 읽지 않는 노트는 공간을 채울 뿐, 더 이상 사용되지 않는다. 영화 〈토이 스토리〉에 나오는 버려진 장난감이나 다름없다.

그들의 꿈은 주인이 잠시라도 자기를 꺼내 예뻐하고 놀아주는 것이다. 노트도 마찬가지다. 자신의 텅 빈 마음에 주인의 마음이 가득 담기기를 소망하며 책장 속에서 기다린다.

끝없이 자신의 노트를 들여다본 사람이 있다. 바로 뉴턴이다. 어린 시절, 의붓아버지의 집에 놀러 간 뉴턴은 서재에 있던 노트를 선물 받았다. 뉴턴은 더 이상 주인이 찾지 않는 노트에 '질문들'이라는 제목을 붙였다.

그는 노트에 궁금한 것을 알파벳순으로 써놓기 시작했다. 항상 들고 다니며 질문을 곱씹은 뉴턴이 해답을 찾아낸 것은 당연한 일이다. 그의 탁월함은 의붓아버지께 버림받은 노트에서 태어났다.

잡념을
청소하자

현대인에게는 머리를 비우는 훈련이 필요하다. 우리의 머리는 너무 많은 정보와 지식으로 포화상태다. 인간이 뇌 능력의 10%도 쓰지 못하고 있다는 말은 우리를 숨 막히게 만든다. 지금으로도 충분히 머리가 복잡하니 말이다.

머리가 정보로 가득 차면 지식을 채울 공간이 부족해지고, 지식으로 가득 차면 지혜를 채울 공간이 부족해진다. 오히려 머릿속을 비워야 지혜가 충만하고, 지혜는 지식을 요청한다. 그렇게 채운 지식은 필수적인 정보를 요청한다.

뇌를 잘 청소해서 쓸데없는 정보를 없애고 나면 영감이 풍부해진다. 뇌를 청소하는 비법 중 하나가 바로 노트다. 필요한 걸 노트에 기록하고 마음 편히 잊어버릴 수 있다. 이렇게 잡념이 없는 상태에서 통찰력이 찾아온다.

내가 아는 한 천재 과학자는 이런 말을 했다. 거의 모든 것이 기억나지 않는데, 떠올려야겠다고 마음먹으면 갑자기 다 떠오른다는 것이다. 실제로 그는 그 말을 여러 차례 증명했다.

약속이 있다는 사실까지는 알고 있었지만 장소가 생각나지 않았던 적이 있다. 그에게 물어보니 저녁 약속이 있다는 사실 자체를 잊고 있었다. 그러나 그는 곰곰이 생각하더니 약속 장소와 먹기로 했던 요리까지 기억해내는 게 아닌가!

분명 뇌 속에 정보를 담아두는 방식이 효율적이리라. 저녁 약속 자체가 그렇게 중요한 이슈가 아니므로 그의 머릿속 책상에는 올라와 있지 않았지만, 떠올리려고 시도하니 정확한 정보를 꺼내서 올려놓을 수 있다.

머리가 좋지 않은 사람도 얼마든지 머릿속에 중요한 것만 올려놓고 살 수 있다. 노트를 한 권 사서 성실히 기록하면 된다. 그러고 나서 엑셀 파일에 노트에 기록한 제목과 날짜만 저장하면, 하나하나 기억할 필요 없이 필요한 때에 키워드만 찾으면 된다.

스마트폰이 생기면서 전화번호를 외우는 능력을 상실했다고 걱정하는 사람들이 많다. 뇌의 기능이 저하된다고 여기고, 뇌를 쓰지 않다가는 알츠하이머병에 걸리지 않을까 전전긍긍한다.

그러나 일반적인 편견과 다르게 이런 보조기억장치의 도움으로 뇌를 비우면 훨씬 큰 생각을 할 수 있다.

노트도
발효된다

새 노트를 사면 단정한 모습이 눈에 들어온다. 표지는 반짝이고, 펼쳐보면 흰 종이 위로 반듯하게 그어진 줄이 보인다. 그렇지만 노트를 쓰다 보면 세월이 뽀얗게 들어찬다. 우리의 얼굴에 주름이 생기듯 노트에도 생채기가 생기고 부풀어 오른다.

나는 하이브리드 방식으로 노트를 사용하기 때문에 더더욱 그렇다. 프린터에서 출력한 문서를 붙이면 노트가 빵처럼 부푼다.

그 모습을 보고 있으면 노트가 발효되었다는 생각이 든다. 부푼 밀가루 반죽을 구우면 맛있는 빵이 나오듯 탁월한 결과물은 발효된 노트에서 나온다.

부풀어 오른 노트를 들고 다니면 여간 자랑스러운 게 아니다. 종이가 덕지덕지 붙은 노트는 커다랗게 자라난 생각을 대변한다. 그 뿌듯함에 노트를 다시 들여다보기도 한다.

내가 즐겨 쓰는 하이브리드 방법은 이렇다. 우선 노트 하나를 구해서 제목을 붙인다. 그러고 나서 여느 노트처럼 무언가 떠오를 때마다 기록한다.

한 가지 중요한 점은 오른쪽 페이지에 글을 쓸 때는 꼭 1.5cm 정도 여백을 주는 것이다. 풀칠할 자리를 남기기 위해서다. 오른쪽 페이지의 여백에 풀칠한 뒤에 출력한 문서를 붙인다.

이때 앞면이 보이도록 한 다음, 문서의 왼편이 노트의 중심부에서 약 5mm 떨어지게 놓고 붙인다. 그러면 문서를 오른쪽으로 넘겼을 때, 밑에 원래의 필기가 보인다.

다음 장을 넘기면 왼쪽 장에 문서의 뒷면이 보이게 되는데, 그대로 가장자리에 풀칠한 뒤 새로운 문서를 앞면이 보이도록 붙인다.

이렇게 앞뒤로 붙이고 나면 마치 벽장처럼 문서가 노트의 좌우에 나타난다. 동화책 속의 그림을 들추면 설명이 있는 것과 같다.

문서만 보고 싶으면 보이는 그대로 넘기면 되고, 경우에 따라 문서를 들추고 그 안에 들어 있는 필기를 확인하거나 여백에 메모할 수도 있다.

하이브리드 노트의 최대 장점은 디지털 문서를 출력해서 보관할 수 있을 뿐만 아니라 아날로그 필기도 보존할 수 있다는 것이다.

내가 만드는 여백의 미

노트의 여백과 전쟁을 치르는 사람이 있다. 그의 노트는 잔글씨로 가득해서 읽으려면 돋보기가 필요할 정도다.

내가 아는 탁월한 사람의 노트는 그와 반대의 성향을 지녔다. 우선 깔끔하다는 특징이 있다. '니트(neat)'가 그의 노트를 표현하는 적절한 단어다.

간결한 글씨 옆에 손으로 그린 그림들도 우아하다. 노트를 넘기다 보면 어떤 페이지는 단어 하나만 달랑 적혀 있기도 하다. 그는 기록하는 용도로만 노트를 사용하는 것이 아니기 때문이다. 한 페이지를 할당한 단어를 쳐다보며 생각하라고 자신에게 명령한다.

노트는 남 보라고 만든 출판물이 아니라 내가 보기 위해 만드는 것이다. 노트의 기록은 나에게 명령한다. 그러므로 노트의 여백을 대하는 용도를 결정하면 여백은 당신에게 특별한 공간이 된다.

노트의 여백은 나에게 더 깊이 생각하라는 신호다. 그러니 노트에 여백을 만들어야 한다. 여백을 만들려면 글씨를 크게 쓰지 않는 것이 좋다. 간혹 노트를 빨리 쓰고 싶어 글씨를 시원시원하게 쓸 때도 있지만, 작게 쓰면 한 장에 많은 내용을 담을 수 있다.

탁월함에 이르는
노트의 비밀

내가 쓴 『탁월함에 이르는 노트의 비밀』이라는 책에는 노트 하나로 승부한 사람들의 이야기가 나온다. 그 후에 더 많은 사례를 접하면서 노트야말로 탁월함에 이르는 지름길이라는 것을 깨달았다. 노트는 개인이 위대함을 만들어내는 데 더할 나위 없이 유용한 도구다.

다윈은 비글호 탐험을 끝내고 돌아오는 길에 출판을 염두에 두고 쓴 여행 일지에 대해 말했다. 그 글을 읽은 친지들은 책이 베스트셀러가 될 것이라 예견했다고 한다. 다윈이 훗날 자신의 이론을 세워나가며 일생을 변화시킨 이정표가 되었다.

언젠가 매우 유명해질 내 제자가 있다. 그는 전국 학생토론대회에서 최우수상을 여러 번 타서 더 이상 출전하지 말라는 부탁까지 들었던 괴짜다.

그가 육군 장교 시험에 합격해 군대에 가게 되었다. 자신의 이력을 보내놓았으니 장성의 발표문을 작성하는 일을 할 것이라 기대했지만, 철책 근무를 배정받았다. 그는 사회와 동떨어진 철책에서 아침마다 건네주는 우유갑을 보며 세상을 인식했다.

그는 우유갑을 물에 씻어 철책에 말렸다. 마른 우유갑을 펼치자 제법 쓸 만한 흰 종이가 되었다. 그렇게 매일 말린 우유갑 위에 글을 썼다.

그러던 어느 날, 텅 빈 머리에 영감이 떠올랐다. 세상에 없는 대학을 세우자고, 지식을 가르치는 것이 아니라 사람들의 마음을 흔드는 대학을 세우자고!

그는 머릿속의 대학에 '우유갑 대학'이라는 이름을 붙인 다음 대학에서 가르칠 과목을 적고, 과목마다 최고의 교수를 선정했다.

그는 거기서 그치지 않고 우유갑에 교수 초빙 편지를 썼다. 편지를 받은 사람들이 우유갑 편지에 응답했다. 선정된 강사 중에는 대기업 회장도 있었다.

그 대기업 회장은 청년이 보낸 우유갑 편지를 집무실 액자에 넣고, 외국 바이어가 찾아오면 대한민국 젊은이의 순수한 열정을 설명한다고 한다. 하루 한 장의 우유갑도 노트가 되면 삶을 바꾼다.

산더미 같은 노트로 승리한 사람들은 많다. 학교 문턱도 못 가본 패러데이는 자신이 했던 실험을 모두 기록함으로써 오늘날 전자 시대를 연 선구자가 되었다.

게오르크 빌헬름 프리드리히 헤겔은 모든 철학적 단어들을 자신만의 언어로 해석한 노트를 갖고 다녔다. 과학의 모든 지식을 정리해 자신만의 사전을 만든 엔리코 페르미도 있다. 이들 모두 노트 한 권으로 탁월함을 향해 나아갔다.

침묵으로
탁월해지는
도서관

도서관에 다닌 시절이 없는 사람이 있을까? 우리는 도서관의 높은 천장과 빼곡한 책들이 뿜어내는 향기를 잊을 수 없다. 도서관의 좁은 칸막이에 머리를 묻은 채 미래를 준비하는 무수한 사람들에게 축복이 있으리!

냉전 시대를 이끈 카를 마르크스는 그의 혁명론처럼 과격한 사람이었을까? 도서관 사서의 기억에 의하면 마르크스는 하루도 빠짐없이 제일 먼저 도서관에 나와 가장 늦게 나간 사람이었다고 한다. 세상을 흔든 그의 사상은 도서관에서 태어났다.

도서관에는 수많은 책이 우리를 기다린다. 그래서 그 공간은 우리의 탁월함을 끌어내는 데 큰 도움이 된다. 많은 사상가가 도서관에 칩거하면서 사상을 꽃피웠다는 사실이 이를 입증한다.

머릿속이 답답할 때, 도서관에 가서 책을 뒤지는 것으로 막힌 생각을 뚫을 때도 많다. 정리된 정보는 바른 생각을 부르고, 지식을 살찌운다.

지적 노동을
수행하는 공간

도서관에는 많은 사람이 모였지만 말을 하면 안 된다는 규칙이 있다. 그 많은 사람이 한 마디씩만 해도 소음으로 가득 찬 시장바닥으로 변하기 때문이다. 도서관에 들어가면 수도원에 있는 것처럼 침묵해야 한다.

중세의 기독교 수사들은 오로지 영성을 키우기 위해 세속을 떠나 광야로 나갔고, 굴을 파고 생활하면서 기도에 전념했다.

광야의 수사들을 모아 체계적으로 영성 생활을 일구고자 했던 사람이 바로 베네딕트 수사다. 그는 최초로 수도원을 만들어 베네딕트 교단을 세우고, 수도회 제도의 기초를 다졌다.

베네딕트 수도원은 그가 알프스 산맥의 카시노 산에 가서 세운 것인데, 이 수도원의 제도와 생활이 유럽 전 지역에 전파되어 문화에 상당히 큰 영향을 끼쳤다.

베네딕트 수도원에 들어가면 모두 한 방에서 자야 하며, 이탈리아의 평민이 먹는 수준의 간소한 식사를 해야 한다. 그것도 배부르게 먹어서는 안 되고, 허기가 가실 만큼만 먹어야 한다.

그들은 저녁 9시에 취침해서 새벽 2시에 기상한다. 이후 예배를 비롯한 업무를 새벽 5시까지 진행하고, 6시부터 9시까지 3시간 동안 독서를 한다. 이 시간의 수도원은 도서관과 마찬가지다. 오후 5시의 저녁 예배 후에도 독서 시간을 갖는다.

공동체 생활의 유지를 위해서는 기도, 노동, 그리고 침묵이 필요하다. 검소한 수도사의 생활은 방문객에게 감동을 주기에 충분했고, 그들이 했던 독서는 후일 수도원에서 대학이 탄생하는 기초가 되었다.

도서관은 많은 사람이 함께 책을 읽고, 글을 쓰는 장소다. 그래서 침묵은 서로를 향한 최소한의 예절이다. 우리는 도서관에 들어가서 얼마나 오래 앉아 있는가? 그것은 얼마나 침묵할 수 있는지 나타내는 기준이다.

고요한 지적 노동을 수행하는 과정에서 탁월함에 이르는 통찰력을 가질 수 있다. 분주한 회의실 대신 도서관이라는 숭고한 공간으로 가라. 그러면 침묵의 공간에서 탁월함을 이끌어낼 수 있을 것이다.

높은 천장이
선사하는 영감

우리는 정보의 홍수 속에서 살고 있다. 스마트폰 하나만 있으면 어떤 정보든 빠르게 검색할 수 있다. 하지만 인터넷에는 저급하고 불필요한 정보가 넘쳐난다.

가만히 앉아 시간을 죽이는 데는 저급한 정보가 더 재밌겠지만, 무언가를 창조하는 데는 고급 정보가 필요하다. 그래서 도서관은 인류 발전의 중심에 서있다.

이집트의 알렉산드리아 도서관을 보라. 그곳에서는 기하학의 아버지 유클리드가 활약했고, 공학의 아버지 헤론이 움직였으며, 물리학자 아르키메데스가 있다.

알렉산드로스 대왕이 가장 아끼고 사랑했던 이곳에는 그리스의 찬란한 지성이 그대로 녹아들어 있다.

그들은 온갖 도서를 수집하기 위해 항구에 정박하거나 지중해를 통과하는 선박을 뒤져서 압수한 책을 모조리 도서관에 보냈다. 그렇게 모은 장서가 70만 권에 육박한다고 하니 그 방대함에 놀라지 않을 수 없다.

유종필의 책『세계 도서관 기행』을 읽어봤는가? 러시아 도서관 앞에는 고뇌에 찬 표정을 한 표도르 도스토예프스키의 석상이 있다. 그는 도서관에서 세계적 명저의 초판본을 보고 사진을 찍는 영광을 얻었고, 도스토예프스키가 읽었던 신약성서를 보고 감탄했다.

도서관에 가는 행위는 특별하다. 도서관에 가면 책상을 여럿으로 나눈 칸막이가 있다. 대개는 시험을 준비하는 학생들이 자리를 차지하지만, 간혹 나이가 지긋한 분들도 보인다. 도서관이 학습의 공간으로 기능하는 것이다.

하지만 정말 좋아하는 도서관의 자리는 서가 안에 있는 책상이다. 대부분의 도서관은 천장이 높다. 책꽂이가 빼곡한데 천장이 낮으면 무척 답답하게 느껴지기 때문이다.

높은 천장은 창조성을 높인다. 사람들은 천장이 높은 곳에 앉으면 머리가 팽창하는 느낌을 받는다. 그래서 성당의 높은 천장은 갈릴레오 갈릴레이에게 영감을 주었나 보다.

갈릴레이는 성당 천장에 드리워진 샹들리에가 흔들리는 것을 보면서 진자의 주기 운동을 생각했고, 마침내 중력장에서 운동은 질량과 무관함을 알아냈다.

그러나 개인이 높은 천장을 갖기는 정말 힘들다. 높은 빌딩은 많지만 높은 천장은 없다. 고층 빌딩의 로비에 가면 높은 천장이 있지만, 분주한 분위기에 우리의 두뇌는 금세 세상의 근심으로 가득 찬다. 천장이 높은 공간에서 고뇌하려면 도서관에 가야 한다.

도서관 지하의
특별한 공간

우리나라 공공도서관 지하에 가면 대부분 스낵바가 있다. 사람은 밥을 먹어야 하기 때문이다. 곳곳에 김치 냄새와 라면 국물 냄새가 배어 있다.

밖에는 커피 자판기가 있고, 그 앞에서 몇몇이 담배를 피운다. 담배 냄새, 커피 냄새, 김치 냄새, 라면 국물 냄새가 어울려 도서관 지하는 묘한 냄새로 가득하다.

때로는 스낵바를 옥상으로 올렸으면 좋겠다는 생각이 든다. 그래서 지하에는 온갖 음식 냄새 대신 오래된 책의 향기가 차분하게 침잠하면 좋겠다.

캐나다의 대학들은 대부분 학생 수가 3천 명 정도로 적지만, 노벨상 수상자를 배출할 정도로 좋은 대학이 많다. 그중 맥매스터디비니티대학의 중앙도서관 지하에는 버트런드 러셀의 기념관이 있다. 러셀은 옥스퍼드대학교의 교수였지, 맥매스터디비니티대학과 아무 상관도 없는데 말이다.

그런데 그 기념관이 정말 화려하다. 러셀의 서재를 아예 통째로 옮겨왔다. 널찍한 방을 둘러싸고 있는 책꽂이에 꽂힌 수많은 책을 볼 수 있다. 가죽으로 튼튼하게 제본된 책들이 19세기 초반 지식인의 체취를 풍긴다.

책상에는 그가 쓰던 만년필과 방금 두고 나간 듯한 우산이 있다. 조금 전까지 그가 앉아서 무엇인가 쓰고 있었던 것 같은 느낌을 준다. 서재 밖에는 러셀의 연구 노트와 논문들, 그리고 『행복의 정복』을 비롯해 수많은 책이 있다. 설립자의 흉상이나 세워놓는 우리나라의 기념관과는 사뭇 다르다.

이런 도서관 지하에서는 지성의 연결 고리를 쉽게 찾을 수 있을 것이다. 위대한 저자도 우리와 같다는 것, 비가 오면 우산을 쓰고, 글을 쓰려면 만년필을 썼다는 사실을 알 수 있다. 결국 위층에 있는 수많은 지식과 정보는 같은 인간이 만든 것임을 말해준다.

고급 정보는
사람으로부터

나는 과학자로서 연구를 위해 논문을 찾아 읽는다. 때로는 쏟아지는 논문의 양에 질리기도 하고, 가끔은 내가 하는 연구를 누군가 이미 발표했으면 어떡하나 걱정하기도 한다. 그 과정에서 생산자에 따라 정보의 급이 달라진다는 사실을 알게 되었다.

검색하면 수많은 논문이 나오지만, 참고할 가치가 있는 지식을 만드는 사람은 한둘에 지나지 않는다. 그들의 지식을 집중적으로 수집하면 생각의 변천을 읽을 수 있다.

이런 수고를 들이지 않고 고급 정보를 한꺼번에 얻을 수 있는 간단한 방법은 각종 포럼이나 학술대회, 전시회를 찾아가는 것이다. 그곳에서 사람을 살펴보는 것이 중요하다.

발표내용 자체도 중요하지만, 더 살펴볼 가치가 있다면 반드시 발표자를 직접 찾아가 명함을 교환하며 주제를 자세히 파고드는 게 가장 좋다.

나는 학자들을 만나면 이 분야에 남은 문제가 무엇인지, 당신이 다음에 할 연구주제는 무엇인지 묻는다. 이런 질문에는 다들 선뜻 대답한다.

가끔 내가 예상한 주제가 아닌 엉뚱한 주제가 튀어나오는데, 왜 그렇게 생각하는지 물어보면 그 사람이 얼마나 탁월한지 알 수 있다. 그들의 사고 체계는 일반인과 다르다.

이런 만남을 통해 깨달은 것은 대가(大家), 소위 탁월한 사람들은 틀린 적이 별로 없다는 것이다. 그들은 오답을 도출하더라도 예상했던 오차범위 이내에 들어간다.

종종 이미 답을 아는 사람을 만나기도 한다. 어떻게 아느냐고 물어보면 직관적이라 말로 표현은 못하겠지만, 답이 그냥 떠오른다는 대답이 돌아온다.

파인만이 페르미를 만났을 때도 똑같은 경험을 했다. 그가 몇 달이나 걸려 푼 문제를 놓고 설명하려고 하자 페르미는 입에 손을 갖다 대면서 잠시 생각에 잠기더니 답을 말했다.

탁월한 대가들은 보기만 해도 아는 것이다. 그들을 만나면 따끈따끈하고 요동치는 지식의 물결을 볼 수 있다.

효과적으로
소통하는
편지

수많은 사랑 노래에 빠짐없이 등장하는 것이 편지다. 편지만큼 마음을 담아 보낼 수 있는 매체가 있을까? 그러나 요즘은 스마트폰만으로 온갖 소통을 할 수 있다.

당장 만나 밥 먹자는 제안이야 바로 전화를 걸어 할 수 있다. 하지만 약속을 못 지킬 때 사람들이 주로 사용하는 것은 문자 메시지다. 미안함을 목소리로 표현하고 싶지 않은 것이다.

이메일은 우편으로 보내는 편지를 대체한 것으로 파일을 송부할 수 있어 훨씬 편리하다. 그렇지만 이메일을 체크하고 답변을 보내면 한나절이 훌쩍 지나간다.

이메일이 없었을 때는 편지를 주고받는 시간을 감안하여 일주일 정도 기다리는 것을 전제로 일을 추진했지만, 이제는 밤낮없이 일할 수 있다.

커뮤니케이션도
능력이다

학점이 좋은 학생이 있었다. 그는 시험을 보면 기가 막힌 답을 써서 교수들을 감동시켰다. 하지만 그에게 일을 시켜본 교수들은 고개를 절레절레 흔들었고, 며칠 만에 실험실에서 쫓아냈다.

그 학생이 말을 잘 하지 않기 때문이었다. 연구가 막혀도 침묵만 지키다가 망친 결과를 들고 온다. 원인을 분석하기 위해 의논하면 갑자기 입을 다문다.

그리고 나서 일주일을 마음대로 보내고, 또다시 의미 없는 결과를 들이민다. 일방통행이 이어지면 같이 일하기 어렵다.

반면 성적이 엉망인 학생이 있었다. 공부하는 것을 좀 싫어할 뿐이지 교우관계도 원만하고, 학생회장직을 맡을 만큼 통솔력도 있었다. 비록 성적 미달이었지만 실험실에서 연구를 시작했다.

그는 문제가 발생하면 매우 심각해졌다. 밤에도 전화를 걸어 이런 문제가 발생하는데 어떻게 생각하느냐고 물었다. 의논하다 보면 문제의 해결책을 발견할 수 있었다.

그러니 지도 교수도 실험 과정을 속속들이 알고 올바른 지도를 할 수 있다. 이제 그는 팀을 만들어 자신의 문제를 해결한다.

두 학생의 차이는 하나다. 바로 소통능력이다. 앞의 학생은 일이 꼬이면 연락이 끊어진다. 후자의 학생은 일이 꼬일수록 연락이 빗발친다. 비록 학점은 나쁘지만, 그는 적극적으로 소통해서 탁월한 결과를 냈다.

일기장에 써보는 편지

일기는 참으로 유용하다. 자신의 생활을 기록할 뿐만 아니라 문장력이 좋아지는 부수적인 효과도 있기 때문이다. 하지만 일기를 쓰다 보면 온통 내 이야기뿐이라 제풀에 지치기 마련이다.

일기를 효과적으로 쓰는 방법 중 하나가 친구에게 편지를 쓰는 것이다. 물론 진짜로 보여주지는 않지만, 글을 읽을 상대를 상정하므로 상대방이 이해할 수 있는 문장을 쓰느라 표현이 정확해진다.

일기 쓰기로 인생을 역전한 사람의 이야기가 있다. 바로 존 헤슬러다. 그는 미시시피 주에 있는 커뮤니티 칼리지의 교수로서 문법을 가르치고 있었다. 그가 가르치는 과목은 그다지 흥미로운 것도 아니었고, 학생들도 열성적이지 않았다.

다람쥐 쳇바퀴 도는 것 같은 일상에서 그는 그림 그리기로 무료함을 달랬다. 단순히 그리는 것에 그치지 않고, 그림을 전시하거나 팔기도 했다. 그림을 팔아서 번 돈 자체보다 자신의 그림을 돈 주고 사는 사람이 있다는 사실이 단조로운 삶에 활력을 줬다.

그러던 차에 안식년이라는 기회가 왔다. 헤슬러는 소설을 쓰고 싶어 했다. 1년 동안 쉬면서 소설을 쓰면 월급을 받지 못하지만, 아내가 야간 간호로 벌어오는 돈을 절약해서 살기로 했다.

헤슬러의 일기에는 소설의 구조를 엮거나 등장인물을 묘사하기 위해 거리를 배회하면서 사람을 관찰하는 내용 등 그가 소설을 쓰기 위해 애쓴 것이 기록되어 있다.

그의 일기가 감동적인 이유는 소설이 출판되기로 결정된 날의 생생한 감동과 함께 유명 작가가 되기까지의 여정이 세세하게 기록되었기 때문이다. 그는 아내에게 신세를 진 금액보다 훨씬 많은 수입을 얻었고, 마침내 유명 대학 교수가 되었다.

이 모든 일이 1년이라는 짧지 않은 시간을 용기 있게 투자한 데서 비롯되었다. 그가 월급을 더 중요하게 생각하면서 내면의 목소리를 잠재웠다면, 평생 한 권의 소설도 내지 못하고 문법을 고치는 단조로운 강의만 하면서 일생을 보냈을 것이다.

그의 도전을 부추긴 건 소로의 소설 『월든』에 나오는 구절이었다.

"경험상 내가 배운 것은 이것이다. 어떤 이든지 자기 꿈의 방향으로 확신을 갖고 나아가고, 자기가 상상하는 인생을 위해 노력하며 살아간다면, 그는 일상에서 기대하기 힘든 성공과 만나게될 것이다. 그는 어떤 것을 내려놓고 보이지 않는 경계선을 넘어갈 것이다. 어떤 새롭고 우주적이며 더욱 자유로운 법칙이 스스로 형성되어 그의 주변과 내면에 생겨날 것이다. 아니면 이전에 그를 지배하던 법칙들이 그의 편의에 따라 좀 더 자유로운 감각으로 재해석될 것이다. 그는 마침내 고차원인 존재로서 자격을 갖추게 된다. 그가 인생을 단순하게 만들면 만들수록 우주의 법칙은 덜 복잡하게 보이게 되고, 고독은 더 이상 고독이 아니게 되며, 가난도 가난이 아니게 되고, 약함은 더 이상 약함이 아니게 된다. 당신이 천공에 성을 짓는다면 당신의 노력은 도둑맞을 염려가 없다. 그것들이 놓여야 할 곳은 그곳이기 때문이다. 이제 그 밑에 기초를 놓기를 바란다."

그는 이 글에서 자신이 받을 경제적 고통과 소설 쓰기 작업에 대해 생각했다. 둘 중 하나를 내려놓지 않는다면 보이지 않는 경계를 넘어갈 수 없다는 금과옥조를 깨달은 것이다.

편지로 소통한
자연과학자

다윈의 편지가 대다수 전해진 데는 수집벽이 지대한 역할을 했다. 그는 노트, 오래된 초고, 오려낸 페이지들, 주석을 달아놓은 인쇄물, 편지 등을 파기하지 않고 모두 보관했다.

다윈 평전을 쓴 전기 작가는 1만 4천여 통의 편지를 분석하면서 그의 세세한 삶의 흔적을 뒤져보고, 이런 말을 남겼다. "이 자료는 그가 어떻게 우정을 맺고 끊었는지, 어떻게 치켜세우고, 어떻게 말끝을 흐리는 표현을 썼는지, 어떻게 변호자의 기분을 맞췄는지, 어떻게 후원을 베풀었는지, 어떻게 과학적 정보의 단편을 끌어냈는지를 보여준다. 또한 그의 사교 범위, 즉 이웃, 방문객, 친척, 가족, 동료들이 밝혀짐으로써 새로운 세계가 열렸다."

다윈은 당시의 견해로나 오늘날의 견해로나 모순투성이인 사람이다. 그 자신은 온정주의자였지만, 주장하는 이론은 피비린내 나는 생존 투쟁에 대한 내용이었다.

다윈은 탁월한 자연과학자였지만 아픈 몸을 치료하기 위해 과학적 근거가 매우 희박한 치료 방법에 몸을 맡겼다. 복부에 전기 사슬을 칭칭 휘감고 다니기도 하고, 물 치료를 한다고 몇 주씩 입원하기도 했다.

"아침 7시에 일어나 잠든 애마 옆을 빠져나와 10시까지 산호초를 만지작거린다. 아침을 먹고 안락의자에 앉아 쉬면서 시곗바늘이 11시 반까지 돌아가는 것을 본다. 그러면 서재로 가서 2시에 점심을 먹을 때까지 일한다. 점심을 먹은 후에는 시내에 갔다가 저녁 시간인 6시에 맞춰 돌아온다. 저녁을 먹은 다음에는 중풍에 걸린 사람처럼 꼼짝하지 않고 앉아서 7시 반까지 가벼운 독서를 한다. 그러고 나서 차를 마시고 독일어를 공부하고 이따금 음악을 듣고 책을 읽으면서 하루를 마감하는 단조로운 삶을 살았다.”

이는 다윈의 단조로운 은둔의 삶을 묘사한 대목이다. 은둔하면서 연구를 지속할 수 있었던 것은 편지를 이용한 소통 덕분이었다.

다윈의 따개비 연구는 몇 년이나 지속되었는데, 그는 호소력 있는 편지로 전 세계 사람들이 연구를 위해 따개비를 채취하도록 만들었다.

모든 것은
문서로부터

인사성이 밝은 사람이 있다. 항상 싱글벙글 웃으며 말도 참 잘한다. 그런데 한 가지 단점이 있다. 작성하는 서류가 서식에도 맞지 않고 내용도 이상하다. 말을 아무리 잘해도 결국 남는 건 글로 된 문서다.

원자력 발전소의 거대한 플랜트에는 수십 미터에 달하는 거대한 기구들이 장치되어 있다. 원자핵을 쪼개고 갓 태어난 초고속 중성자를 감속시켜 핵분열을 일으키고, 중성자의 밀도를 조절한다. 원자로는 이렇게 물리적으로 가동되지만, 모든 것은 서류에서 시작되어 서류로 끝난다.

1년에 한 번 핵연료를 재장전할 때 원자로의 안전성을 다시 검사하고 승인하는 검사 절차를 밟는다. 심각한 사고에도 방사선이 누출되지 않는다는 것을 입증해야 한다.

원자로에 직접 사고를 낼 수 없으므로 원자로에서 일어나는 일을 컴퓨터 시뮬레이션으로 돌려서 결과를 해석한다.

이 계산에 사용되는 각종 방정식과 관계식은 법으로 엄격하게 규정되어 있다. 서류로 작성된 안전 해석이 각 부처를 돌며 모든 심의를 거치면, 원자로는 비로소 가동을 허락받는다.

얼마 동안은 사람이 돌아다니지만, 그다음부터는 서류가 돌아다닌다. 그러므로 서류는 공적인 편지다. 제안서를 비롯한 수많은 문서는 소통을 위해 존재하는 편지나 다름없다.

병풍 제안서라는 두 쪽짜리 제안서가 있다. 결재받으러 갈 때 사용되는 폴더의 양쪽에 가지런히 놓으면 된다. 이 두 쪽으로 거대한 사업이 시작되니 얼마나 가치 있는 편지인가?

편지를
쓰자

우리가 하는 말의 70% 이상이 혼잣말이라고 한다. 그러나 우리는 혼잣말을 금세 잊어버린다. 만약 혼잣말을 메모한다면 정말 대단한 일이 벌어질 것이다. 일기를 쓴다는 것은 자기 일을 키워가는 가장 확실한 실천 방식이기 때문이다.

만일 상인이 매출을 꼬박꼬박 기록한다면 시장의 특성을 알 수 있다. 언제 무엇을 예비해야 하는지도 보일 것이다. 예측할 수 있으면 아무리 많은 일도 거뜬히 해낼 수 있다.

앞서 언급한 헤슬러도 소설을 씀과 동시에 안식년의 일기를 썼다. 일기를 통해 그가 얼마나 소설 쓰기에 집중했는지 엿볼 수 있다. 한 걸음씩 나아가며 얻는 성취에 대한 자기기록은 자신을 격려하는 최고의 아군이다.

감사 편지의 위력은 많은 사람이 실감한다. 연말연시에 수많은 감사 편지의 홍수 속에서 친필 사인이 인쇄된 연하장을 받으면 어떤 기분이 드는가?

'너는 내 주소록에 등재되어 있어. 그러니 특별한 존재야.'라는 표시로 보이는 경우가 많다. 비뚤거리는 글씨가 등장하면 감동은 더욱 커진다.

격려 편지도 중요하다. 사랑으로 가득한 편지 한 통이 생명을 구하기도 한다. 우리는 얼마나 정성 어린 편지를 쓰며 살고 있나? 잊지 못하는 편지 한 장 정도 가슴에 품지 않은 사람이 어디 있을까마는 잊지 못할 편지를 쓰기는 참 쉽지 않다.

리더십의 기본은
소통이다

탁월함의 본질에는 리더십이 있다. 리더십이 없는 탁월함이란 한낱 구경거리에 불과하다. 사람들은 잠시 발을 멈추고 구경하겠지만, 이내 가던 길을 다시 간다. 리더십은 가던 길을 버리고 새로운 길로 따라나서게 하는 강력한 힘이다.

자리에 부여된 권한만을 행사하는 리더들이 있다. 그들은 규정 내에서 무자비하게 자신의 권한을 행사한다. 항의하면 법대로 했을 뿐이라며 소리를 높인다.

사람들은 그를 따르지만 존경하지는 않는다. 마음에서 우러나오는 따름은 사랑과 존경에 기초를 둔다. 이러한 리더십은 참으로 강력해서 누구도 흔들 수 없다.

일방통행이 아닌 상호존중의 소통 근간이 필요하다. 위에서 아래로 내려가는 지침이 있으면, 아래에서 위로 올라가는 의견도 있어서 서로 장단점을 보완하는 리더십이 필요하다.

제아무리 탁월한 아이디어가 있어도 시스템이나 조직을 변화시키려면 소통이 필요하다. 이해를 구하고, 오해를 풀어내는 길고도 지루한 과정이 필요하므로 편지를 써야 한다. 준비되지 않은 말을 함부로 해서 일을 그르쳐서는 안 된다.

앞길을
알려주는
멘토

배우라는 직업이 있다. 여기서 연기한다는 '배(俳)' 자를 살펴보면 '사람 인(人)'에 '아닐 비(非)'다. 사람이 아니란 말이다. 역할이 주어지면 갑자기 그 사람으로 돌변하는 것이 배우의 임무다. 그러니 자기가 아닌 남이 되어야 한다.

배우는 실감 나는 연기를 하면 그만이지만, 내가 아닌 최고를 연기하는 것은 탁월함의 조건이다. 원래 나라는 존재는 남과 다를 바가 없는 평범함으로 버무려져 있다.

그 평범을 떨쳐내고 차이를 만들어내기 위해서는 바로 나를 부인

하고 탁월함을 받아들여야 한다.

왕자가 된 거지 이야기가 있다. 흔히 가짜가 진짜보다 더 진짜 같다고 한다. 가짜는 진짜를 흉내 내기 위해 얼마나 많은 노력을 했을까? 간혹 흉내를 내다가 진짜를 능가하는 경우도 있다.

우리의 자동차 산업이 그렇다. 포니를 수출할 당시만 해도 일본산 엔진을 얹은 이 자동차를 국산이라고 불러야 하는지 논쟁이 있었다. 자동차의 심장이라고 볼 수 있는 엔진이 우리 기술이 아니기 때문이다.

하지만 이제 엔진도 국산으로 대체되었고, 한국 자동차는 전 세계 시장에서 자리를 잡았다. 조선도 그렇고 원자력도 그렇다. 초반에는 우리를 먹여 살리는 기술 대부분에서 흉내 내기에 전념했고, 지금은 단순한 모방에서 창조로 넘어가는 시점에 있다.

우리 민족의 DNA에는 이와 같은 강인한 추격 정신이 숨어 있다. 고구려 벽화에 말을 타고 달리면서 호랑이를 쏘는 무사들처럼 강인한 추격으로 세계 시장을 달려가고 있다.

최고를
뒤쫓아라

시장에는 수많은 사냥감이 뛰어다니고, 맹수는 그 뒤를 맹렬히 추격한다. 영악한 맹수는 사냥에 성공하기 위해 어리거나 병든 개체를 집중적으로 쫓는다. 하지만 자그마한 새끼를 먹으면 금세 배가 꺼져서 얼마 안 가서 또 사냥에 나서야 한다.

그러니 가장 강력한 개체를 추격해야 한다. 암컷을 사이에 두고 맹렬한 기세로 박치기하는 산양의 결투처럼 최고가 되기 위해 노력해야 한다. 상대를 쓰러뜨리고, 새로운 우두머리로 군림해야 한다.

뒷산의 큰 바위에 새겨진 얼굴을 보고 자란 어린아이가 있었다. 그 아이가 성장하고 훌륭한 사람이 되어 고향에 돌아왔다. 그가 한창 연설하고 있을 때, 사람들은 그의 얼굴이 큰 바위 얼굴과 닮았다는 것을 발견한다. 큰 바위 얼굴의 가르침이 아이를 위대하게 키운 것이다.

유명한 것과 탁월한 것을 구분해야 한다. 모든 탁월한 사람이 유명한 것은 아니며, 모든 유명한 사람이 탁월한 것도 아니다. 그러니 탁월한 사람을 찾아서 따라 해야 한다.

그러면 왜 그와 같아질 수 없는지 알게 된다. 운동선수라면 체형이 맞지 않을 수도 있고, 타고난 체력이 떨어질 수도 있다. 하지만 탁월한 사람과의 차이는 극복의 대상이지 포기의 대상은 아니다.

우리는 모작을 만드는 작가를 인정하지 않는다. 모방만을 목표로 한다면 탁월함으로 갈 수 없다. 하지만 완전한 모방을 이룬 사람에게는 창조의 가능성이 열려 있다. 그의 내부에 잠재된 탁월한 모습이 등장하는 것이다.

탁월한 사람을 연기하라

나는 상대성 이론을 배우는 과정에서 우주에 에테르가 존재한다면 배를 띄워서 에테르가 흐르는 방향으로 갔다가 돌아오는 것과 수직 방향으로 갔다가 돌아오는 것에 시간 차이가 생길 것이라는 사고실험을 접했다.

또한 이러한 실험을 배 대신 빛으로 실시한 것이 마이켈슨-몰리 실험이라는 설명을 들었다. 그들의 실험은 시간의 차이가 전혀 생기지 않는다는 결과를 도출했고, 그 말은 우주에 에테르가 없다는 것을 의미했다.

이를 정확하게 이해하고 빛의 속도에 대해 상대적인 운동을 하는 물체의 시공간을 연구한 사람이 바로 아인슈타인이다. 물리 시험에서 상대성 이론을 유도하는 문제가 나왔지만, 나는 상대성 이론보다 아인슈타인에 대해 알고 싶어졌다.

도서관에서 어렵게 찾은 아인슈타인 평전은 안타깝게도 상대성이론을 설명하는 데 대부분의 지면을 할애하는 난해한 책이었다. 낙담한 나에게 선배가 책을 한 권 선물했다. 내가 알고 싶었던 아인슈타인의 일생이 담겨있었다.

잠도 안 자고 그 책을 쉼 없이 읽다가 그도 나와 다를 바 없는 한 명의 인간이라는 사실을 발견했다. 오히려 학교에서 쫓겨나고 한없이 인생이 꼬인 인간이었다. 다만 내가 만일 그런 처지였으면 절대 아인슈타인처럼 살지는 못했을 것이란 생각이 들었다.

또한 원자 물리를 배우면서 원자핵반응의 임계조건을 구하기 위해 페르미의 방정식을 배웠다. 그러자 페르미라는 이탈리아 과학자가 머릿속에서 떠나지 않았다.

아마 고등학생 시절에 물리 선생님께서 하신 말씀 때문이었을 것이다. "대학입시나 준비하느라고 헛공부하고 있으니 엔리코 페르미란 사람을 들어보기나 했냐? 그 사람이 진짜 천재다."

그때 내 마음에는 '진짜 천재? 엔리코 페르미?'라는 물음이 박혔다. 내내 머릿속 한 구석에 자리잡은 이름이 원자 물리에 등장한 것이다.

그 길로 나는 도서관을 뒤져 페르미를 조사했다. 『원자가족(Atoms in the Family : My Life with Enrico Fermi)』이라는 책을 대출해서 읽어보니 페르미의 아내 로라가 그에 대해 쓴 전기였다.

그가 말썽을 피워 영재학교에서 퇴학당할 뻔한 이야기, 물리학과 교수들에게 양자역학을 가르친 이야기, 박사 논문을 심사하던 교수 중 반은 놀란 눈을 하고 있었다는 이야기 등 그의 천재성을 늘어놓은 책이었다.

나는 틈만 나면 페르미 전기를 읽고 또 읽었다. 가끔 그의 흉내를 내기도 했는데, 그러면 이상하게 시험을 잘 봤다.

어떤 날은 장난삼아 원서를 대출해서 그것만 공부했는데, 정신 없이 공부하고 나니 고작 사흘 만에 책 속의 문제를 풀어서 깜짝 놀랐다. 페르미가 빙의된 것처럼 점차 총기가 생겼다.

당연히 친구들의 눈에는 내가 괴짜로 보였을 것이다. 몇몇 조교는 내가 투시 능력이 있어 가방 속의 책을 보고 있다는 소문을 믿고 내 가방을 치우고 삼엄한 감시를 했던 기억이 난다.

나는 아인슈타인이 양말도 신지 않고 머리도 감지 않고 다닌 것을 동시에 적용해 괴상한 흉내를 냈다. 나의 괴짜 흉내를 잘 아는 아내는 늘 남을 모방하는 아류 인생이라고 깎아내리지만, 괴짜들을 따라 하지 않았다면 분명 대학을 마치지도 못했을 것이다.

『천년습작』을 쓴 작가 김탁환이 발자크를 소개했다. 발자크는 낮과 밤이 바뀐 기괴한 인생을 살았고, 이러한 생활로 건강도 잃었다. 아마 소설가로서는 극단적인 삶의 표상일 것이다.

작품을 통해서 그를 이해할 수도 있겠지만 평전만큼 그를 적나라하게 드러낸 것은 없다. 가까스로 그의 평전을 구해 읽어보니 문인들이 한 번쯤 흉내를 내봄직도 한 독특한 사람이었다. 『츠바이크의 발자크 평전』의 내용을 보자.

"하인이 나직하게 문을 두드리는 소리가 그를 깨운다. 발자크는 일어나서 수도복을 걸친다. 여러 해의 경험으로 그는 작업에 가장 적당한 옷으로 이 옷을 골랐다. 전사가 장비를 고르듯이, 광부가 자기 직업에 맞는 적당한 가죽옷을 고르듯이 작가는 겨울이면 따뜻한 캐시미어로 된 이 하얗고 기다란 수도복을, 여름이면 하얀 아마포로 된 수도복을 골랐다. 이 옷은 동작을 쉽게 해주고 목 부분이 숨쉬기에 편하게 트여서 따뜻하면서도 짓누르지 않기 때문이다. 어쩌면 수도복이 이 수도사에게 자기 일을 하는 중이라는 사실을 상기시켰기 때문인지도 모른다. 그것을 걸치고 있는 한 더 높은 계율, 참된 세계와 그 인도에 몸을 바치고 있다는 사실 말이다."

평전은 발자크가 작업에 사용했던 도구들을 구체적으로 열거해서 독자들이 작업 현장을 생생하게 느낄 수 있도록 한다.

"왼편에는 아무것도 쓰지 않은 빈 종이 뭉치가 쌓여 있다. 아주 특별히 조심스럽게 고른 똑같은 형태의 종이였다. 그것은 눈부시지 않도록, 또 오랜 시간 동안 일할 때 물리지 않도록 약간 푸르스름한 빛을 띤 것이어야 했다. 또한 펜이 미끄러져 나갈 때 아무 저항도 하지 않도록 특별히 매끈해야 했으며 얇아야 했다. 이 밤에 써야 할 것이 얼마나 많은가? 열, 스물, 서른, 마흔 장! 깃털 펜도 조심스럽게 준비되어 있다. 까마귀 깃털 펜이다. 잉크병 옆에는 예비용으로 한두 병이 더 놓여 있다."

가끔은
거만해져라

내가 세계 최고가 아니어도 그렇다고 가정하고 생각해보는 것이 중요하다. 세계 최고의 자리에 오른 사람이 과연 지금 내가 하는 식으로 일할까? 분명 아닐 것이다. 비록 거장에게 직접 물어보지는 못했지만 이렇게 하지 않을 것이라는 확신이 있다.

간혹 우리는 스스로를 낮추는 겸손의 덫에 빠져 헤어 나오지 못한다. 겸손이 과해서 자신을 바닥까지 낮추면서도 오히려 그것을 자랑하기까지 한다.

간혹 정책을 입안할 때가 있다. 이때 꼭 부탁받는 사항이 있다. 스스로 대통령이라 생각하고 정책을 세워보라는 것이다. '미쳐도 단단히 미쳤군.' 하는 소리가 목까지 올라오지만, 그렇게 생각하고 일을 대하면 문제가 명확해진다.

대통령처럼 생각한다는 것은 새로운 페르소나를 입어보는 것을 의미한다. 갑자기 자신에게 그 역할이 주어졌다고 생각하고 몰입하면 된다.

흉내 내기는 아류들만 하는 것이 아니다. 무수한 흉내 내기에서 원형을 능가하는 새로운 탁월함이 나온다. 그대로 따라 하려고 노력하면 어느새 그 일이 몸에 밴다.

새로운 나 자신이 튕겨 나올 때까지는 최대한 누르고 눌러 곰삭

한다. 마치 김치가 발효해 맛이 들 때까지 기다리는 것처럼 긴 시간이 필요하다.

스승보다
뛰어난 제자

청개구리처럼 스승과 엇나가는 제자들도 있지만 스승의 말투, 글씨체까지 닮는 사람들이 있다. 오랫동안 지도받다 보니 그렇게 되었다고 겸연쩍어 하기도 하지만 당연한 일이다.

무언가를 열심히 했는데 스승은 마음에 들어 하지 않는다. 반대로 시간이 없어 대충했는데 기대 이상의 칭찬을 듣기도 한다. 시간이 지날수록 스승이라면 이 일을 어떻게 생각할까 고민한다.

스승과 완전히 각을 세우는 경우는 모 아니면 도다. 루트비히 비트겐슈타인이 대표적이 예시다. 그는 항공 기계를 전공하다가 러셀을 찾아가 철학을 공부할 가능성을 물어보는 것을 기회로 사제 관계가 되었다.

비트겐슈타인은 학문적 토론을 벌이다가 뜻이 맞지 않으면 권총으로 자살하겠다며 뛰쳐나가기도 해서 러셀은 밤잠을 못 이루었다고 한다. 여기서 한술 더 떠 러셀이 반전운동을 하자 비트겐슈타인은 아예 전쟁에 뛰어들었다.

비트겐슈타인에게 러셀은 스승이자 반면교사였다. 참으로 지독한 제자다. 그는 모든 이슈에서 러셀을 부정하고 반대되는 길로 갔다. 비트겐슈타인이 20세기 최고의 철학자로 칭송받는 데는 스승과 대립하는 괴팍함이 한몫한 것 같다.

효율을
높여주는
창조의 시간

　시간은 모두에게 공평하다고 생각하기 쉽다. 24시간보다 더 많은 시간을 쓸 수 있는 사람은 없기 때문이다. 그래서 시간은 환경일 뿐, 도구가 될 수 없다는 생각이 든다.

　하지만 우리는 종종 창조의 순간이라는 말을 사용하며 시간의 중요성을 언급한다. 만일 창조적이고 생산적인 시간이 있다면 그는 매우 좋은 도구를 갖춘 사람일 것이다.

　서구 합리주의의 선구자 르네 데카르트에게는 침대에 누워 있는 시간이 창조의 도구였다. 카프카에게도 밤은 소설을 만들어내는 중요한 도구였다.

생에 한두 번 오는 창조의 순간에 맛본 희열을 토로하는 사람들은 행복해 보인다. 창조의 순간이라는 특별한 시간을 만들지 못하더라도, 생산적인 시간을 많이 만들 수 있으면 충분하다.

그래서 탁월함을 이끄는 시간 관리가 필요하다. 아무것도 못 하고 절망의 나날을 보내다가도 언제 그랬냐는 듯이 의욕에 불타며 위대한 일을 순식간에 해치우는 경우가 있지 않은가? 마치 밀물이 들이닥치듯 아주 많은 일을 해내는 때도 있다.

우리의 창조성에서 시간은 결코 일정하게 흐르지 않는다. 그러므로 이런 시간을 만들어내는 기술이 필요하다. 그게 가능해졌을 때, 시간은 탁월함에 이르게 하는 위대한 도구가 될 것이다.

시간을 죽이면
재능이 썩어버린다

우리는 기계가 아니다. 그래서 일이 산더미처럼 쌓여 있어도 오히려 게을러지는 경우가 있다. 하지 않고 버티면 일이 아예 없어지는 경험을 했기 때문이다. 숙제를 하지 않으면 혼나지만, 결국 하지 않고 넘어가지 않았는가.

어떨 때는 그저 일한다는 것을 남에게 보이기 위해 일하기도 한다. 군대에서 참호를 파라고 하더니 오후가 되어서 참호를 다시 덮으라고 한다. 왜 시켰냐고 물으면 훈련이라는 답이 돌아온다.

화낼 일은 아니다. 파고 덮는 훈련을 한 것이니 실제 상황이 되면 훈련했던 대로 침착하게 잘 파고 잘 덮을 수 있다. 그러나 아무런 결과물 없이 시간만 보낸 셈이다.

결과를 중시하는 관점에서는 큰 이득이 없다. 게다가 처음부터 이럴 줄 알고 건성으로 임했다면 실력이 늘 리도 없다.

시간에는 나름의 생명이 있다. 내 마음에 따라 시간은 죽기도 하고 살기도 한다. 죽은 시간에는 나도 죽어 있다. 그저 물리적인 시간이 지나가길 바랄 뿐이다.

'나 여기서 썩고 있다.'라는 말은 무의미한 시간을 보내고 있다는 뜻이다. 생산은커녕 갖고 있던 재능마저 퇴화해서 썩어가는 것을 말한다.

시간은 언제 죽는가? 내가 그 시간의 주인공이 아닐 때 죽는다. 내가 주인공이 되어 재능을 마음껏 발휘한다면 시간은 살아난다. 때로는 살아있는 줄 알았더니 사실 죽은 시간인 경우도 있다. 그만큼 시간은 교묘하다.

많은 사람이 손뼉을 쳐주니 내가 주인공인 것 같은데, 사실 이 모든 게 연극이고 나는 단지 하수인에 불과할 때가 더 많다.

관리자들의 술책은 당신을 주인공인 양 띄우고, 당신은 주인공인 줄 착각하고 최선을 다해 묘기를 부린다. 그러면 그들은 웃으며 이익을 챙긴다. 당신의 멋진 연기로 생긴 수입에 기뻐하며 말이다.

만약 할 수 없이 연기해야 한다면, 자투리 시간을 모아서 살아 있는 시간을 만들어야 한다. 아인슈타인은 특허청에서 일하며 하루의 1/3은 특허청 업무, 1/3은 집안일, 나머지 1/3은 자신만의 연구에 할애했다. 연구에 쓰는 시간이 바로 살아있는 시간이다.

아인슈타인은 죽은 시간과 살아있는 시간을 구분해냈고, 살아있는 시간에 생동감을 불어넣었다. 이 시간을 지속하기 위해 친구를 구했고, 그들과 금요일 밤을 토론으로 지새웠다.

그런데 탁월한 결과를 낸 사람은 아인슈타인뿐이었다. 결국 토론의 열기를 살아있는 시간으로 연결한 이는 그뿐이었다는 말이 된다. 어떻게 살아있는 시간을 만들 수 있을까?

남들과 다른
청개구리

살아있는 시간을 만드는 방법 중 하나는 남과 반대로 사는 것이다. 청개구리처럼 사는 게 탁월함으로 가는 길이 되기도 한다. 무슨 재미로 사냐는 비난을 예상하면서 몇 가지 방법을 제안해보겠다.

첫째, 수다 시간을 줄여라. 수다를 떠는 것만큼 스트레스가 잘 풀리는 일이 없다. 하지만 수다를 떨고 나서 잠도 못 자며 고민하는 경우는 없었나 생각해보라. 상대가 무심코 흘린 말이 화를 불러일으켜서 아무것도 하지 못한다.

게다가 만일 당신이 매일 30분 정도 수다를 떤다면 일주일에 적어도 3시간을 수다에 투자한 셈이다. 한 달이면 12시간, 1년이면 144시간이다.

이 시간을 당신의 월급으로 환산해보면 적지 않은 돈이 된다. 수다와 잡담은 비싼 것이다. 그러니 수다를 떨되, 아주 짧게 하고 심각한 이야기는 삼가는 것이 좋다.

둘째, 남의 간섭을 줄여라. 남의 간섭을 줄이기란 만만치 않아서 불가능하다고 생각할 수 있다. 그러나 많은 책이 소개하는 간단한 방법이 있다. 아침에 일찍 나오고 저녁에 늦게 퇴근하라. 그러면 아무도 당신을 방해하지 않는다.

셋째, 비수기를 활용하라. 모든 사람이 몰리는 시기를 피하는 것이다. 여름에 크리스마스 선물을 미리 사두면 싼값에 좋은 물건을 고를 수 있다.

크리스마스에 백화점에 가면 사람이 많아서 분위기는 좋지만, 밥 한 끼를 먹으려고 해도 줄을 서야 한다. 비수기에는 음식점에서도 최고의 대접을 받을 수 있다.

언젠가 비행기를 탔는데 승객이 총 4명뿐이었던 적이 있었다. 항공사에는 미안한 일이지만 스튜어디스가 8명이었으니 4명의 승객은 최고의 서비스를 받은 셈이다. 남들이 하지 않을 때 하는 청개구리 전략은 의외로 덕 볼 일이 많다.

넷째, 아침 5시 클럽에 가입하라. 일찍 일어나면 남의 간섭이 없는 시간을 늘릴 수 있다. 집에서 가족의 간섭을 받지 않을 수 있는 시간은 이때뿐이다. 조그만 모임을 만들어 서로 깨워줌으로써 동지애를 느낄 수도 있다.

몰아치기의
기적

첫째, 듣는 법을 배워라. 우리는 듣고 말하고 쓰면서 남들과 소통한다. 말하고 쓰는 법은 학교에서 열심히 가르치지만, 듣기를 가르치는 곳은 없다. 상대의 말을 경청하면 일이 확 줄어든다. 시간을 버는 것이다.

다 알아들은 것처럼 고개를 끄덕이고 엉뚱한 일을 해서 시간을 낭비하고 속을 태우는 일이 얼마나 많은가? 열심히 했는데 그렇게 하는 게 아니라는 말을 들으면 얼마나 힘이 빠지는가? 그러니 경청해야 한다.

영어가 아니더라도 듣는 법을 배우는 수업의 필요성을 느낀다. 경청하는 태도를 보이면 상대방은 답까지 다 말해준다. 열심히 들으면 효율적인 길이 보이고, 성공할 가능성도 높아진다.

둘째, 현재에 집중하라. 누군가 과거는 부도수표, 미래는 어음, 현재는 현찰이라고 말했다. 지금 하는 것이 가장 중요하다. 지금 이 순간에 집중하는 것이 시간관리의 요체다.

언젠가 할 것이라는 말은 내가 아닌 다른 누군가 할 것이란 말과 같다. 지금 하는 일에 집중하고 묵묵히 실행한다면, 내가 한 일들이 연결되어 미래까지 이어진다. 당장은 내가 하는 일이 무의미해 보이고 미래가 보이지 않더라도 최선을 다해 즐겨야 한다.

셋째, 몰입(flow mode)을 배워라. 몰입의 대가 칙센트미하이의 책『몰입』을 읽어보라. 몰입은 일과 내가 혼연일체가 되는 상태다.

이상한 흥분이 지속되고 에너지가 샘솟으나, 동시에 매우 침착해지고 마치 오래전부터 이 일을 해 온 것처럼 능숙한 상태를 경험하기를 바란다.

몰입을 위해 모든 일을 중지하고 최대한 게을러지는 것도 하나의 방법이다. 단순한 상태가 되면 저절로 몰입하게 된다. 몰입의 상태에서는 자기 자신마저 잊는다. 밥 먹는 것도 잊고, 심지어 잠자는 것마저 잊는다.

넷째, 몰아쳐라. 상상을 초월하는 짧은 시간에 위대한 일들이 만들어진다. 집중하면 어려운 원서를 3일 안에 다 읽고 문제도 풀 수 있다. 지레 겁먹고 시도조차 않는 것이 문제다.

심리학자는 이를 두고 '밀물 모드(surge mode)'라고 부른다. 졸졸 흐르는 게 아니라 파도처럼 몰려드는 것이다.

밀물 모드는 탁월자 창작자라면 한 번쯤 경험하는 황홀하고 고통스러운 상태다. 그들은 중요한 문제가 해결될 때까지 죽기로 작정한 사람처럼 밀고 나간다. 그러고 나서 완전히 녹초가 된다.

볼프강 아마데우스 모차르트는 주문이 들어오면 며칠씩 밥도 먹지 않고 잠도 자지 않으면서 작곡했다고 한다. 뉴턴도 때때로 밥도 먹지 않고 잠도 자지 않고 몰두했다는 하인의 증언이 있다.

지성이
깨어나는 시간

창조성을 연구하는 사람들이 입증하지 못하면서도 공공연하게 인정하는 것이 있다. 자연의 위대한 지성과 인간이 교류하는 특별한 시간이다. 영성이 깨어나는 시간으로 새벽 2시에서 4시 사이를 말한다.

지성이 깨어나는 시간은 언제인가? 미라클 모닝이라고 불리는 새벽 6시일까? 전문가들에 의하면 오전 11시부터 오후 1시까지, 그리고 오후 5시에서 저녁 7시까지다.

이 시간에 우리는 무엇을 하는가? 주로 점심을 준비하거나 업무 메일을 정리하고 있을 것이다. 저녁에는 퇴근을 준비하거나 꽉 막힌 도로에서 핸들을 잡고 있을 것이다. 참으로 아까운 시간이다.

창조적인 시간을 아는 사람은 하루 4시간의 집중이면 충분하다고 말한다. 푸앵카레는 정말 오전 2시간, 오후 2시간만 연구했고, 나머지 시간은 테니스장이나 식당에서 보냈다.

그는 잠재의식이 일하도록 만들어야 한다는 걸 강조했다. 푸앵카레는 두뇌가 무의식중에 계속 일하고 있다는 사실을 굳게 믿었고, 잠재의식이 훨씬 일을 잘한다고 생각했다.

푸앵카레의 경험을 기록한 바에 따르면 그는 어느 문제를 풀다가 포기하고 군대에 입대했다. 그러던 어느 날, 이동하려고 마차에 발을 딛는 순간 문제의 답이 머리를 스쳤다는 것이다.

물론 여기 기술한 시간에 지나치게 집착할 필요는 없다. 하루의 시간을 평등하게 보지 않고 구별하는 게 중요하다. 하루 24시간 중 특정한 시간은 '거룩하게' 취급해야 한다. 그리고 그에 걸맞게 행동하면 된다. 구별된 시간이 있느냐 없느냐는 큰 차이를 만든다.

나만의 것을
생산하는
작업실

생물의 가장 탁월한 창조 활동은 새끼를 낳아 번식하는 것이다. 대부분의 생물은 새끼를 낳을 준비를 할 때 둥지를 만든다. 둥지는 창조의 공간이다.

생각도 마찬가지다. 머릿속으로 생각하는 것으로 끝이 아니다. 생각이 탁월한 결과물로 탈바꿈하려면 반드시 실제로 작업하는 과정을 거쳐야 한다. 무대 뒤에서 부지런히 일하는 공간을 통해 수많은 탁월함이 태어났다.

안데르센의 작업실은 비둘기 똥으로 어지러운 지붕 밑 다락방이었고, 윌리엄 레딩턴 "빌" 휴렛과 데이비드 팩커드의 작업실은 조그만 차고였다. 엄마에게 들키지 않고 라디오를 부술 수 있는 자유로운 공간에서 라디오는 마징가가 되고, 우주선이 된다.

비서가 전화를 받아주는 사무실을 원한다면 탁월함의 본질과는 거리가 멀다. 작업실은 내 손을 더럽혀서 무엇을 만들어내는 공간이다. 작가의 손은 잉크로 더러워지고, 발명가의 손은 기름과 생채기로 얼룩진다.

공간은 몸과 연결된다. 생각이 몸으로 체화되는 곳이다. 생각은 어디서 멈추는가? 작업실에서 탄생한 작품에서 멈춘다. 작품은 당신이 미처 생각지도 못한 사실을 말해줄 것이다.

오롯이
나만의 공간

함께 사용하는 사무실에서 개성을 드러내는 건 민폐다. 단정한 사무실의 전경은 구성원이 바뀌어도 표가 나지 않는다. 그러나 똑같은 책상, 똑같은 책장으로 구성된 공간은 바람직하지 않다.

획일적인 책상에 한 대씩 놓인 컴퓨터, 이것을 사진으로 찍어 최신식 시설이라며 자랑하는 대학교를 수도 없이 본다. 반면에 전선이 어지럽게 꼬인 대학 실험실의 모습은 보기 어렵다.

모든 위대한 발명과 발견이 그 어지러운 공간에서 나왔음에도 불구하고 말이다. 연극 무대 뒤편을 보여주기 싫어하는 것과 같다. 무대 위의 배우와 무대 뒤의 배우는 다르다.

대학교 주변의 카페에 가면 편안한 공간을 발견할 수 있다. 넓은 테이블, 밝은 조명, 그리고 푹신한 의자가 있다. 학생들은 그곳에 편안히 앉아서 자유를 맛본다.

지하철에서 다리를 쩍 벌리고 앉은 사람은 비난의 대상이지만, 카페에서 다리를 쩍 벌리고 앉아서 생각에 잠기거나 낮잠을 청하는 것은 비난받을 일이 아니다.

요즘은 서점 안에도 커피숍이 들어설 만큼 책과 커피의 조합은 좋다. 책이 정연한 타자의 정보라면, 커피는 직접 내 위에 넣는 음료이기 때문이다. 커피는 독서를 더 풍성하게 만든다.

내가 다닌 서점 옆에는 빵집이 하나 있었다. 항상 서점에서 책을 읽다가 빵집으로 자리를 옮겨, 커피를 마시며 책을 읽었다.

그 자유로운 공간은 서점의 비좁은 테이블에 견줄 바가 아니다. 수다를 떠는 사람들의 다양한 표정을 보고 있자면, 내가 마주하는 문제가 그다지 심각한 것이 아닐 거라는 생각마저 든다. 하지만 여기는 잠시 대여한 남의 공간일 뿐이다.

내 마음대로 할 수 있는 공간을 만드는 건 모든 생물이 본능적으로 하는 일이다. 둥지라는 공간은 내 몸에 꼭 맞고, 비바람이 몰아쳐도 문제없는 공간이다. 우리는 둥지를 틀었을 때 우리는 비로소 탁월한 것을 생산할 수 있다.

공동체라는 이름으로 개인의 공간이 너무나 쉽게 파괴되고 있다. 우리에게는 개인과 공동체가 서로를 존중하는 공간을 만들어내는 지혜가 필요하다.

대학교 기숙사를 둘러보면 개인공간을 만들려고 안간힘을 쓰는 학생들을 볼 수 있다. 어떤 학생은 한 평도 안 되는 침대 위 천장에 온갖 전투기를 매달아 개성을 드러낸다. 이 공간은 오롯이 나만의 것이라는 표시다.

그러나 기숙사 사감은 공적인 공간을 사적으로 꾸미는 학생들을 다그치며 일 년에 한 번씩 방을 바꾸게 한다. 어차피 옮길 것이니 그만 꾸미라는 간접적인 협박이다.

하지만 이리저리 옮겨 다니는 몽골인들의 텐트에도 있을 것은 다 있다. 우리 모두는 자기 마음대로 할 수 있는 둥지를 꿈꾼다.

서재는
최고의 작업실

문화평론가 김갑수의 『지구 위의 작업실』은 재미있는 책이다. 그는 빌딩 지하의 작업실에서 글을 쓴다. 만드는 과정과 일화를 그의 탁월한 입담으로 듣다 보면 작업실을 갖고 싶어진다.

그의 작업실 개념은 엄격하다. 소음, 날씨, 시간으로 인한 마음의 동요가 없어야 한다. 그래서 작업실에 한 줄기의 햇살도 들어오지 않는다. 외부환경과 완벽히 단절된 곳에서 아무런 방해 없이 작업에 몰두할 수 있다.

나는 아직 나만의 공간인 서재를 갖지 못했다. 자신만의 방이 있다고 자랑하는 친구를 보면 부럽기 그지없다. 그래서 내 공간을 달라고 아내에게 투정을 부리면 "거기서 혼자 뭐할 건데?" 하는 말과 함께 핀잔이 돌아온다.

김갑수의 작업실 못지않게 재미난 작업실은 다치바나 다카시의 '고양이 집'이다. 그는 지하 1층을 포함하는 3층짜리 건물을 지었다. 이 건물은 층당 7평이며, 외부와 차단되었다.

삼각형 모양의 땅 때문에 건물 모양이 이상한데, 모서리에 고양이 얼굴을 그려 넣어 고양이 집이라고 불린다. 이렇게 좁은 공간에 자신만의 성곽을 만든 독특한 면은 그의 탁월한 저술로 나타난다.

작업실을 만드는 방법

나만의 작업실을 만드는 게 탁월함으로 향하는 첫걸음이다. 어차피 직업을 갖는다는 건 남에게 고용되어 작업 공간을 받든, 아니면 스스로 작업 공간을 만들든. 둘 중 하나다.

작업실에 투자할 돈이 모자라면 비슷한 처지의 사람들끼리 뭉쳐 사무실을 마련하라. 이미 직장을 다니고 있더라도 새로운 인생을 꿈꾸고 있다면 작업실을 가져야 한다.

돈이 없으면 동네 독서실이라도 나가라. 동네 독서실에서 출세한 사람이 한둘이 아니다. 인지과학을 비롯한 융합 분야의 대가인 이인식 소장도 책을 집필하기로 결심하고 동네 독서실에 나가 문장력을 쌓았다고 한다.

정년퇴직 이후 갑자기 힘을 잃고 온갖 잔병치레를 하는 사람을 많이 보았다. 책임질 일이 있는 것과 없는 것은 차이가 크다. 그래서 작업실을 만드는 게 중요하다. 작업실을 마련해서 출근한다면 훨씬 젊고 활기차게 살 수 있다.

주부들도 다용도실을 개조해서라도 조그만 서재나 취미생활을 할 작업 공간을 만들면 좋다. 다재다능한 사람이 가사노동에 짓눌려 모든 것을 잃어서는 안 된다.

하루에 한 시간이라도 자신의 작업 공간에 앉아 자신의 세계를 찾아보는 것이 중요하다. 차곡차곡 자기 작품을 만들어 전시하고 발표하는 과정에서 탁월한 경지에 도달한 사람들이 부지기수다.

스스로 만든
작업실

2010년 초, 내 실험실에는 엄청난 재앙이 몰려왔다. 건물을 증축하더니 공간을 배정한다고 난리가 난 것이다. 한참 옥신각신하더니 제1공대에 있던 내 실험실을 제2공대로 옮기라며 일방적인 통보를 했다. 더군다나 공간을 2/3로 줄여야 했다.

건물을 새로 지었는데 공간을 줄이라니 말도 안 된다고 생각했다. 마음에 안 들지만 갑작스러운 부조리가 공적 공간이 갖는 비인격성이라고 생각하며 실험실을 옮기기로 했다.

지난 10여 년간 만든 실험 장치들은 대부분 배관이 얽히고설켜 있는 것들인데, 이것을 옮긴다는 말은 다 부수고 다시 지어야 한다는 뜻이었다. 앞이 캄캄했다.

이삿짐센터 직원들이 와서 대충 분해한 실험 장치를 제2공대로 옮겼다. 실험실은 철거반이 휩쓸고 간 마을을 방불케 했다. 무엇보다 공간이 이전 실험실의 2/3로 줄어든 게 가장 큰 문제였다. 당장 학생들이 앉아서 공부할 공간이 없었다.

한참 이리저리 고민하던 중 '천장을 뚫어보면 어떨까?' 하는 생각이 들었다. 천장에는 방음을 위해 마감재가 있다. 한 곳을 뜯어보니 위쪽으로 제법 공간이 넓었다.

자로 재보니 바닥에서 천장까지 높이가 무려 4m였다. 알고 보니 로비의 천장을 시원하게 높이고자 1층만 층고를 전체적으로 높였다는 것이다. 곧바로 천장을 뜯어낸 다음 사각 빔을 구입해서 용접을 시작했다.

학생들이 다락에 앉아서 공부할 수 있도록 오르내릴 계단까지 만들었지만 누추했다. 실험 장치를 세울 에이치 빔들은 전부 공장을 방불케 하는 회색이어서 칙칙한 느낌마저 들었다.

나는 고민하다가 종종 찾아가는 프렌차이즈를 떠올렸다. 가끔 가서 커피 한 잔과 도넛을 먹을 때 편안했던 곳 말이다. 고민 끝에 그곳과 비슷한 느낌이 들도록 사각 빔을 치자색으로 칠했다.

학생들은 다들 다락을 어색해했다. 그런데 시간이 지나자 그곳에서 편안히 공부하는 게 아닌가. 천장이 낮아 아늑하게 느껴진다고도 했다.

게다가 겨울에는 온기가 위로 올라와 천장 주변은 항상 따뜻했다. 예전과 비교하면 형편없이 열악하건만 어느새 효율적으로 일하는 모습을 발견할 수 있었다. 다락 아래는 온갖 실험 장치로 가득 채웠다.

실험 장치들 중에는 아주 작은 연료전지도 있었는데, 실험에 사용할 수 있도록 벽 귀퉁이에 작은 공간을 만들었다.

나는 펌프와 탱크로 가득 찬 실험실에 다양한 요소를 넣고자 했다. 책장을 꾸며서 서로 정보를 공유하는 도서관을 만들고, 조그만 회의실도 만들었다. 회의실 창문은 유리로 만들어서 물백묵으로 칠판의 기능을 더하기도 했다.

책상도 우리 스스로 만들었다. 각목을 그대로 사용해 나무의 질감을 살렸다. 어차피 모든 것을 스스로 만드는 실험실이므로 우리는 완제품을 구입하는 걸 되도록 피했다.

다락을 지지하는 기둥에 각목을 대어 벽도 만들었다. 열림과 닫힘을 조화롭게 만든 이 회의실 벽은 열리면 소통을 돕고, 닫히면 작품을 전시할 수 있다.

소품은
공간을 바꾼다

어느 심리학자가 한 가지 관찰 실험을 했다. 구석에 깨진 유리병을 두고 한 달 동안 방치하는 것이다. 한 달 후에 그곳으로 돌아가 보니 온갖 쓰레기가 쌓여 있어서 악취가 났다고 한다.

이번에는 주변을 말끔히 치우고 아름다운 장미 조화와 그림 한 점을 뒀다. 똑같이 한 달 후에 가보니 쓰레기 하나 없이 그대로 깨끗하게 있었다는 것이다.

내 실험실에도 같은 일이 생겼다. 어느 학생이 자기 실험 장치를 만들다 남은 물건을 책장에 방치했다. 며칠이 지나자 책장 쪽에 쓰다 남은 물건이 하나둘 놓이기 시작했다.

물건이 말하는 것이다. "여기는 책을 놓지 않아도 돼. 나를 봐. 나는 쓰다 남은 물건인데 여기 있잖아." 물건은 이렇게 사람들에게 외치고, 학생들은 자신이 쓰다 남은 물건이 "나도 저기 저 아이처럼 있게 해줘요." 하고 속삭이는 소리를 들은 것처럼 물건을 쌓기 시작한다.

공간은 그곳이 어떤 곳이고 무엇이 있어야 한다고 말한다. 작업실도 당신이 어떤 사람이고 무엇을 해야 한다고 말한다. 그래서 물건을 함부로 늘어놓으면 안 된다. 모든 물건을 나에게 말을 걸어오는 존재로 생각해야 한다.

작업실에도
개성이 있다

잘 정돈된 작업실을 좋아하는 사람들도 있지만, 어수선한 작업실을 좋아하는 사람도 많다. 어지러운 책상에서도 필요한 물건을 금방 찾아내는 사람을 보면 신기하다.

목록을 만들어 알파벳 순서로 정리해도 찾지 못할 것 같은데, 감각적으로 찾아낸다. 그런 사람들은 오히려 말끔히 정돈된 곳에서는 물건을 잘 찾지 못한다.

첨단 기기의 승패는 작은 사이즈에 많은 기능을 집적하는 능력에 달려 있다. 오늘날의 마이크로프로세서에는 트랜지스터가 처음 발명되었을 때와 비교할 수 없을 정도로 수많은 트랜지스터가 집적된다. 이처럼 밀도가 높은 공간에서 많은 것이 태어난다.

미국의 연구소를 둘러보면 '셀'이라고 부르는 공간을 만나게 된다. 파티션을 이용해서 만드는 정사각형의 공간이다. 하나의 셀에는 한 명의 연구자가 있다. 그는 그 좁은 공간을 자신만의 것으로 만들고 모든 것을 집적한다.

집적도를 높이려면 신경을 많이 써야 한다. 꼭 필요한 것과 그렇지 않은 것을 구분해야 하고, 다목적으로 사용하는 것을 만들어야 한다. 높은 집적도는 상호연관성에 대한 이해를 높인다.

종종 편집자들이 글자를 확인할 수 없을 정도로 작게, 한 면에 4쪽으로 원고를 인쇄해서 들고 다니는 것을 볼 수 있다. 좁은 공간에 필요한 모든 것을 갖추고 큰 그림을 볼 줄 알아야 탁월하다.

자신만의 공간을 널찍하고 호화롭게 마련할 수 있는 사람은 많지 않다. 하지만 단 한 평의 공간을 가졌을지라도 전 우주를 담을 만한 집적도를 이루는 사람은 탁월한 결과를 낼 수 있다.

작은 공간이어도 나만의 작업실을 갖는 것이 중요하다. 작은 지하실이나 비좁은 차고에서 탁월한 발명품이 수없이 만들어진 건 공간이 갖는 자유와 집적도 덕분이다.

작업실에 하나둘 늘어나는 물건은 그곳을 창조의 공간으로 만든다. 이리저리 엉킨 전선들로 엉망인 것처럼 보일지라도 거기에 있는 존재는 창조를 위해 존재한다. 공간은 당신에게 일하라고 외치며, 당신은 쉼 없이 창조한다.

우리는 자기 생각을 설명하기 위해서도 반드시 무엇인가를 만들어야 한다. 작은 칼럼일 수도 있고, 그림일 수도 있고, 동요일 수도, 어쩌면 조잡한 실험 장치일 수도 있다.

이런 것들을 만들기 위해서는 나만의 작업실이 필요하다. 작업실을 탁월함의 연장통에 넣어두도록 하자.

스트레스를
없애는
휴식

미친 듯이 일하다가 탁월해지는 것도 좋다. 하지만 이후에 공허한 후회만 남는 것은 저주다. 탁월함은 경기장 밖의 소풍이므로 즐거워야 하고 많은 추억이 남아야 한다.

목표를 달성하지 못했을지라도, 그 과정에서 주운 도토리를 나누는 것만으로도 탁월해진다. 더욱 안타까운 건 죽도록 일만 했는데 도토리를 줍기는커녕 욕만 바가지로 먹는 경우다. 일중독자들이 대부분 그렇다.

일하지 않으면 불안하지만, 끝없이 일하는데 성과가 없는 경우가 많다. 열심히 하지만 결과가 신통치 않은 것은 자기 성찰의 부족에서 기인한다.

무엇이 중요한지 따지지 않고, 정해진 일을 반복하는 것이다. 게다가 자신의 성실함에 도취해 있다. 일에 빠져 생각할 틈조차 없는 사람에게 탁월함을 기대할 수 없다.

휴식은 원기를 회복시키기도 하지만, 일에 대한 새로운 시각을 주기도 한다. 새로운 관점만큼 일을 새롭게 만드는 것은 없다. 위대한 혁신은 끝없는 개선이 아니라 휴식 이후의 완전한 변화다.

이것을 입증하는 것이 보잘것없는 곤충이다. 번데기에서 죽은 듯이 있던 애벌레가 화려한 날개를 달고 하늘로 비상하는 위대한 혁신은 고치 안에서의 완전한 휴식이 준 결과다.

탁월함을 이루기 위해 우리는 나만의 휴식을 위한 시간과 공간, 그리고 방법을 만들어야 한다.

탁월함은
뇌에서 나온다

우리의 탁월함은 결국 뇌가 작동한 결과일 수밖에 없다. 우리는 이제 좌뇌와 우뇌의 기능을 이해하고, 좌뇌의 이성적 기능과 우뇌의 감성적 기능을 알고 있다. 그래서 좌뇌와 우뇌를 동시에 사용하는 훈련으로 창조성을 극대화하려 하기도 한다.

행동과학 전문가인 위니프레드 갤러거는 우리의 삶이 집중한 대상들의 합이라고 주장한다. 그는 우리의 감각에 수용되지 않은 것은 존재하지 않는다고 말한다.

아프리카의 어느 마을에 눈이 매우 아름다운 꼬마가 있을 수 있지만, 내가 그의 존재를 모른다면 그는 나에게 없는 존재나 마찬가지인 것처럼 말이다.

우리는 항상 어디에 집중할 것인지 선택한다. 본질적인 것에 집중할수록 우리의 경험은 깊어지고 마침내 마음 깊은 곳에 존재하는 직관과 만난다.

뇌인지과학이 발달하면서 학자들이 알아낸 사실이 있다. 그들은 뇌의 신경세포가 반응하는 정도에 따라 우리 몸의 기관들의 크기를 바꿔봤다. 그 결과 우리의 모습은 8등신의 아름다운 모습이 아니라, 꼭 외계인 같은 모습이 되었다.

우선 입술과 혀가 아주 발달한 걸 볼 수 있었다. 눈과 코도 제법 컸다. 양손의 손가락들은 엄청나게 커졌다. 반면 가슴, 엉덩이, 허벅지 등은 아주 볼품없이 작았다.

이를 보면 우리는 뇌를 어떻게 자극하고, 어떻게 휴식을 줘야 하는지 알 수 있다. 손가락을 꼼지락거리는 것만으로도 뇌는 충분히 활성화될 것이다.

오늘날 전자책이 손으로 넘기는 것 같은 화면 효과를 내는 건 인간의 내면에 손으로 느끼고자 하는 욕망이 있기 때문이다. 손으로 만지면 기억에 생생하게 남는다.

뇌가 우리 몸을 인지하는 양상을 이해하면 어떻게 휴식해야 하는지도 알 수 있다. 책상에 머리를 박고 잠을 청하는 자세는 뇌의 신체 인지 안테나를 완벽하게 무력화시킨다.

책상에 머리를 박았으니 눈을 뜰 수 없고, 말도 할 수 없다. 팔로 얼굴을 괴는 과정에서 귀도 어느 정도 막힌다. 그대로 가만히 있으면 스르르 잠이 온다.

스트레스를 날리는
탁월한 휴식

노트를 외워야 할 것들을 비워주는 청소도구라고 말한 바 있다. 주의를 집중하는 것, 즉 시선을 두는 것만으로도 상황은 우리의 뇌에 기록된다.

온종일 수많은 상황에 놓이고, 다양한 사람을 만나면 뇌의 감각은 복잡하게 얽힌다. 복잡함이 쌓이면 마음의 병으로 발전한다. 머릿속을 말끔히 정리하고 불필요한 기록을 지울 필요가 있다.

술을 많이 마시는 사람이 금주하면 간이 건강해지는 것과 마찬가지다. 헝클어진 경험으로 얼룩진 뇌를 청소해주는 것, 그게 바로 휴식이다.

새로운 환경에서 일상과 멀어지면 상쾌해진다. 일상의 무거운 경험들은 희미해지고, 중요한 본질만 남아 머릿속이 정리된다.

하지만 머릿속이 복잡하다고 뇌를 정지시킬 수는 없는 노릇 아닌가. 그러므로 휴식으로 새로운 경험을 채워 넣는 것이다. 이러한 과정을 거쳐 뇌는 새로운 질서를 찾아낸다.

우리는 휴식하는 상황에서 일상과 다른 차원의 주목을 하게 된다. 스트레스로 찌든 대상에 대한 주목과는 사뭇 다른 강도와 각도의 주목으로 얻는 경험을 휴식이라고 표현한다. 그동안 무언가에 집중하느라 쌓인 스트레스를 청소하는 것이다.

우리는 본능적으로 붉은색을 보면 격렬하게 반응한다. 붉은색은 혈액, 불 등의 위험한 것을 의미하기에 우리의 시신경은 원시시대부터 붉은색에 반응했다. 위험하게 들리는 소음에도 즉각적으로 반응한다.

하지만 우리에게는 선택적으로 집중하는 능력이 있다. 탁월한 집중력을 가진 사람은 소음 속에서도 곡을 정확하게 기록하기도 하고, 엄청난 양의 계산을 암산으로 해내기도 한다.

탁월함에 이르는 휴식은 선택적으로 집중하는 것이다. 숲을 거닐더라도 어느 나무를 집중적으로 관찰한다거나, 나뭇잎이 내는 소리에 청각을 곤두세우는 것이다.

이러한 집중은 뇌를 적극적으로 청소한다. 나뭇잎이 내는 소리에 집중하는 경험이 이전의 복잡한 스트레스를 대신해서 자리하기 때문이다. 완전히 다른 것에 집중하는 것이 가장 좋은 휴식이다.

요즘은 모든 것이 가볍고 빠르게 흘러가지만, 예전에는 글씨를 쓰려면 먹부터 갈아야 했다. 먹을 가는 단순한 노동을 하면서 집중하고, 마음이 텅 비는 경험을 했을 것이다. 이때의 노동은 창조의 길로 나아가기 전에 취하는 휴식이다.

여행은
창조의 비결

오랜 시간이 지나도 기억에 남는 경험이 있다. 그중 하나가 여행이다. 다른 건 잘 잊어버려도 추억은 선명하게 남는다.

특히 낯선 외국을 다녀오는 것처럼 강렬한 경험은 없다. 처음 보는 나무, 풀, 꽃, 그리고 색다른 거리 풍경이 머릿속에 남는다.

나는 매주 나이아가라 폭포를 구경한 적이 있다. 그때마다 사진으로 보는 것과 실제로 보는 것은 다르다는 생각이 들었다. 같은 풍경도 언제 보았는지, 어디서 보았는지, 누구와 보았는지에 따라 매우 다르게 느껴진다.

나이아가라 폭포 옆에는 '나이아가라 온 더 레이크'라는 아주 작은 마을이 있는데, 아직도 그곳의 아담한 길을 걸으며 봤던 평화로운 풍경을 선명히 떠올릴 수 있다. 밤늦게 도착해서 양복을 입은 채로 걸었던 마이애미 해변도 생생하다.

손에 잡힐 듯이 생생한 추억은 여행을 통해 만들 수 있다. 오랜 시간이 지난 후에도 앨범을 펼치면 그때 그 장소로 달려갈 수 있다. 휴식을 선사하는 데 그치지 않고 새로운 만남, 새로운 생각을 선물하는 여행은 좋은 도구다.

휴식의 소도구를 마련하자

요즘은 커피 마시는 시간을 '커피 브레이크'라고 부르기도 한다. 우리는 발자크가 '영혼의 석유'라고 불렀던 커피를 마시며 억제된 도파민이 정상적으로 흘러 정신을 각성시키는 걸 느낀다.

느긋하게 커피를 마실 카페가 있으면 좋겠지만, 나만의 커피숍을 만들어도 좋다. 여유가 된다면 커피를 내리는 용품에 신경을 써서 준비하라. 일에 몰두하다가 커피 테이블을 보는 것만으로도 휴식이 될 테니 말이다.

휴식에는 음악도 빼놓을 수 없다. 앉은 자리에서 이어폰을 끼고 음악을 듣는 것도 좋지만, 아예 본격적으로 음악을 감상할 수 있는 장소가 있으면 더 좋다.

음향기기의 진공관에 들어오는 은은한 빛과 그곳에서 나는 섬세한 소리를 맛보는 것이다. 디지털로 잡음 없이 전해지는 소리가 아니라, 바람결에 흐르는 소리를 들어보자.

소파 같은 푹신한 의자도 필수다. 소파에 누워서 다리를 쭉 펴고 청하는 잠깐의 낮잠, 침까지 흘릴 정도로 숙면한다면 이보다 달콤한 휴식이 어디 있을까? 책상에 수건이라도 깔고 잠시 엎드려 자는 쪽잠도 달콤하기는 매한가지다.

환기도 중요하다. 창을 굳게 닫고 난방기를 틀어대면 산소 결핍으로 머리가 어지럽다. 충분한 산소를 마시는 것은 원활한 두뇌 회전에 필요하다.

창문과 문을 열어 신선한 공기를 들이도록 하자. 바람에 실려 오는 새소리를 듣고 싶으면 망사에 좁쌀을 담아 창가에 걸어놓아도 좋다. 앙증맞은 참새가 날아와 좁쌀을 먹으며 자연의 소리를 들려줄 것이다.

휴식이 주는
재창조

곤충은 신비로운 존재다. 그들은 본능에 충실해서 유충 시절에는 왕성한 식욕을 채우는 데만 몰두한다. 그러다가 번데기가 되면 죽은 듯이 꼼짝 않고 먹이를 먹지도 않는다.

완전한 수면욕에 사로잡힌 것처럼 보이지만 실은 엄청난 변화를 이루는 중이다. 유충의 몸은 번데기 내부에서 신경 몇 조각을 제외하고는 완전히 녹아 새로운 형태로 바뀐다.

풀을 갉아 먹던 입은 가늘고 긴 대롱으로 바뀌고, 몸은 머리·가슴·배의 세 구간으로 나뉜다. 짧은 다리는 없어지고 6개의 침처럼 가늘고 튼튼한 다리가 생긴다.

더 놀라운 건 등에 돋는 날개다. 이파리 위를 선을 그으며 끝없이 움직이던 일차원적 존재가 변태를 통해 하늘을 나는 삼차원적 존재로 변신한다. 얼마나 탁월한가? 곤충은 우리에게 휴식의 중요성을 말해주는 스승이다.

적절한 수면이 중요하다. 고문 중에 제일 견디기 힘든 고문이 바로 잠을 재우지 않는 것이라고 하지 않는가. 불면증에 시달리는 사람의 고통은 이루 말할 수가 없다.

뇌는 잠을 자는 동안 기억을 정리하고, 다양한 호르몬을 분비해서 면역체계를 재정비한다. 충분한 수면을 취하지 못하면 병에 걸리기 쉽다. 무엇보다 정리되지 않은 정보가 뒤죽박죽 섞인 뇌에서 무슨 탁월함이 튀어나오겠는가?

그러니 잠자리를 잘 마련해야 한다. 조명도 중요하고 이불도 중요하다. 간혹 단체 생활을 하다가 건강을 해치는 사람이 있다. 십중팔구 잠자리가 불편해서 생긴 일이다.

옆에서 바스락거리면 금세 잠이 깨는 예민한 체질을 가졌다면 여간 고역이 아니다. 요란하게 코를 골며 자는 사람의 무신경하고 태평한 체질이 부러울 뿐이다.

미라클 모닝이 유행이라고 무조건 아침형 인간을 흉내 내서는 안 된다. 혈압이 낮은 사람에게는 아침잠이 중요하다. 차라리 충분히 자고, 깨어난 시간에 몰입해서 일해라.

데카르트는 잠을 오래 자는 것으로 간신히 건강을 유지하고 있었는데, 말년에 스웨덴의 크리스티나 여왕이 아침마다 강연해달라고 하는 바람에 일찍 일어나다가 급작스럽게 죽었다.

그래도 어쩌다가 하루 정도는 밤을 새워 일하는 것도 필요하다. 일을 끝내고 말겠다는 결연한 의지를 확인할 수 있고, 실제로 일이 끝났을 때 따라오는 만족감을 느낄 수 있다.

한밤중에 다가오는 신비한 정신적 각성을 겪어보는 것도 좋다. 발자크도 이 각성 효과 때문에 낮밤이 바뀐 생활을 한평생 유지한 건지도 모른다.

휴식도
전략적으로

유대인들은 하루를 저녁에서 시작한다. 저녁을 먹고 가족과 이야기를 나누며 쉬다가 잠을 잔다. 그리고 나서 일한다. 일이 끝나면 하루가 지난 것이다. 저녁부터 시작되는 하루는 잠을 자는 완전한 휴식 이후에 일을 시작하는 것을 의미한다.

휴식은 모든 것을 정리하고 새로 일을 시작할 수 있도록 마음과 머리를 비우는 행위다. 머리를 비우지 않으면 일을 시작하지 않겠다는 굳은 결심이 필요하다. 짧은 휴식을 통해 새로운 마음을 다잡는 기술을 연마하자.

제대로 된 휴식을 취하는 능력은 타고나는 것이 아니고 훈련으로 얻을 수 있다. 도구를 옆에 놓고 적극적으로 훈련해야 한다. 일은 활기가 넘칠 때만 되는 게 아니다. 깊은 것을 토해내는 일은 어느 정도 탈진한 상태에서 이뤄지기도 한다.

그때는 쉼 없이 일하는 것이 아니고, 자다 깨는 걸 반복하면서 일하게 된다. 잠깐의 휴식이 새로운 생각을 이어주고, 그동안 했던 일을 새로운 시각으로 다시 보게 만든다.

하던 일을 지속하면서 새로움을 더하고 싶으면 잠시 눈을 감으면 된다. 눈을 감으면 마음의 창이 열리고 생각이 멈추고 마음이 일한다. 마음은 논리를 넘어서 더 넓고, 더 깊게 볼 수 있도록 만들어주며 하던 일에 새로움을 덧입힌다.

단지 눈을 감았을 뿐인데 그로 인해 생기는 힘은 실로 놀라울 지경이다. 지겨운 회의 중에 토론장 밖으로 빠져나와 자기 자신과 이야기하려면 눈을 감아야 한다. 정보를 차단하는 그 순간에 마음이 열린다.

슬럼프에는
휴식이 답이다

일을 잘하는 사람에게도 슬럼프가 찾아온다. 우리는 기계가 아니므로 항상 일정한 성능을 보일 수 없다. 슬럼프는 예고하지 않고 갑작스럽게 찾아오므로 그 기간을 최대한 줄이는 것이 중요하다.

사실 슬럼프는 몸에서 휴식이 필요하다고 말하는 강력한 구조 신호다. 슬럼프를 극복하는 가장 간단한 방법은 집중적인 휴식을 취하는 것이다.

늘어져서 잠만 자라는 뜻이 아니다. 단순히 자는 것으로 해결할 수 있다면 슬럼프가 아니라 육체적 피로에 불과하다. 슬럼프의 결정적 원인을 정확하게 진단해서 해결하는 노력이 필요하다.

믿을 만한 상담자가 필요할 수도 있고, 전혀 다른 분야의 사람을 만나서 새로운 시각을 얻는 게 필요할 수도 있다. 마음을 바꾼다는 게 얼마나 어려운가? 그래도 슬럼프를 이겨내려면 용기를 내서 자기 자신과 직면해야 한다.

나노과학의 아버지로 불리는 파인만이 코넬대학교의 교수가 되었을 때의 이야기다. 그는 맨해튼 프로젝트에 투입된 기간 동안 약혼자가 사망하는 등 온갖 일을 겪고 지친 상태였다. 세상에 자신의 탁월함을 널리 알렸음에도 연구를 진행할 수 없었다.

도서관에 가서 책이나 읽으며 시간을 보내던 그에게 월급의 두 배를 주겠으니 다른 대학으로 오라는 제의가 들어왔다. 하지만 그는 자신의 연구 능력이 고갈된 사실을 알았기에 제안을 거절했다.

파인만은 신세를 한탄하는 대신 문제를 심각하게 바라보고, 어린 시절부터 좋아했던 물리학을 하기로 했다. 그래서 시시하지만 재미난 물리 현상을 풀기 시작했다.

식당 구석에 앉아 냅킨 조각에 계산식을 써가며 물리에 몰두하던 파인만은 접시 돌리기 묘기를 통해 새로운 이론을 발견했다. 슬럼프에서 완전히 벗어난 것이다.

우리도 슬럼프에 빠지면 영원히 이 상태를 헤어나오지 못할 것만 같아서 너무나 고통스럽다. 하지만 자신과 당당히 대면하고 애벌레가 나비가 되는 것 같은 혁신을 이룬다면 슬럼프는 곧 자취를 감출 것이다.

에필로그

탁월함은 용기 있는 평범한 사람의 것이다

    타인이 탁월하다고 말하는 건 시간을 들인 검증이 필요하지만, 스스로 자각하는 건 언제든지 가능하다. 우리는 타인의 인정을 배제하고 스스로 통제할 수 있는 의지로 실천할 수 있기 때문이다. 결국 이 책이 말하고자 하는 바는 평범함을 벗어나 탁월함을 선택하는 의지를 발휘하자는 것이다.

    '그래도 괜찮아.'라는 키워드가 몇 년째 사회를 감돌고 있는 상황에 탁월함을 향해 나아가자는 건 송구하다. 하지만 한 번 사는 인생, 뭘 해도 괜찮다는 위로만으로 살아가기엔 아쉽다. 괜찮지 않아도, 억울하고 서러울지라도 해야만 하는 게 있지 않을까?

나는 얼마 전 우즈베키스탄의 타슈켄트를 다녀왔는데, 새벽마다 일어나 산책을 했다. 그들이 영웅으로 추앙하는 아미르 티무르 대왕의 동상까지는 가까운 거리였지만, 알렉산드르 푸시킨의 동상까지는 제법 먼 거리였다.

우리는 푸시킨의 동상 앞에서 사진을 찍으며 그의 시를 외웠다. "삶이 그대를 속일지라도, 슬퍼하거나 노여워하지 말라."

다음 구절을 기억하는 사람은 없었는데, 누군가 갑자기 "괜찮아 잘될 거야."라고 하자 모두 웃었다. 푸시킨이 살아있다면 분명 "삶이 그대를 속일지라도 슬퍼하거나 노여워하지 말라. 괜찮아 잘될 거야. 어차피 삶은 또다시 그대를 속일 테니까."라는 반전 있는 시를 썼을 것이라고 이야기했다.

"괜찮아 잘될 거야."라는 말에 따라붙어야 할 조건은 "평범함에 탁월함을 도둑맞지만 않는다면"이 아닐까?

우리는 소셜 네트워크 속에서 범람하는 콘텐츠에 시선을 빼앗겨 집중력만 상실한 것이 아니다. 무엇보다 탁월함을 잃은 게 가장 큰 문제다. 평범함의 수면에서 헤엄치며 추락하는 날벌레와 풀씨들을 칭송하고 있다.

그러나 날개가 돋으면 날아오를 수 있다. 장자의 우화에 나오는 북해의 '곤'이라는 물고기처럼 평범함의 바다를 헤엄치다가도, 남풍이 불어오면 '대붕'이라는 커다란 새로 변해 구만리 장천을 날아오르는 꿈을 잊지 말아야 한다.

수많은 천재의 뒤를 추적하는 과정에서 그들의 탁월함은 평범의 늪에서 탈출하도록 만든 의지의 결과물이라는 사실을 깨달았다. 그래서 평범한 사람들이 탁월해지는 모습을 확인하고자 했다.

스스로에게 엄격한 기준을 적용했고, 때로는 실험실 학생들에게 적용하기도 했다. 나 자신의 변화는 깨닫기 어려웠지만, 학생들의 변화를 마주하는 경험은 경이로웠다.

가슴속에 탁월함만 품는다면 한국 교육의 뼈대나 다름없는 대학입시의 결과는 아무런 의미가 없다고 생각한다. 학력이 만드는 평범함의 잣대가 현재 우리나라에서 마주할 수 있는 가장 깊은 늪이 아닐까? 서류상의 학위보다는 탁월함을 일깨우는 경험의 학교에서 수여하는 학위가 절실하다.

아리스토텔레스는 탁월함이 습관이라고 말했다. 실적 같은 결과물이 아니라, 개인의 내면에 들어있는 덕성이라는 의미다. 나는 그 습관을 '다름', '다움', '다음'으로 채워야 한다고 생각한다.

'다름'과 '다움'은 아레테의 핵심이고, '다음'은 완성을 위한 두 가지 요소, 즉 '시작'과 '수정'을 뜻한다.

머릿속으로 생각하기만 하고, 실제로 행하지 않으면 결코 탁월해질 수 없다. 어설프더라도 일단 시작해봐야 한다. 실패하더라도 포기하지 않고 끝없이 고쳐나가는 과정에서 '탁월함'이 드러난다.

'다음'은 새로운 시작과 또다른 '다음'을 낳는다. 그래서 남들이 잘했다고 칭찬하더라도 거기서 안주하지 않고 다음 단계를 위해 정진하는 치열한 노력이 필요하다.

격렬하게 요동치는 세상 속에서 개인은 똑바로 서 있기도 힘들다. 그래서 괜찮다고 말해주는 위로가 필요했다. 그러나 위로로 목을 축인 이후에는 다음 단계, 평범함의 늪을 탈출하는 장엄한 시도를 모의해야 한다.

우리를 둘러싼 평범함의 높은 담을 더듬어 밖으로 통하는 문을 찾아내자. 그 문을 열고 탁월함의 너른 정원으로 걸어 나가자.

알을 깨고 나오는 탁월함에서 희망은 별처럼 빛나며 당신에게 미소 지을 것이고, 끝없이 '다음'으로 나아가는 노력을 통해 탁월해진 미래의 나를 만나리라.

저마다 탁월함의 갑옷과 날개를 달고 풍뎅이처럼 날아오를 때, 황홀한 보물찾기 놀이를 할 수 있을 것이다. 이 작은 책이 미래를 담아낼 최후의 격전지'인 개인에게서 빛을 발하기를 소망한다.

평범함에 도둑맞은 탁월함

초판 1쇄 발행 2024년 3월 5일

지은이 | 이재영
펴낸곳 | 원앤원북스
펴낸이 | 오운영
경영총괄 | 박종명
편집 | 김슬기 최윤정 김형욱 이광민
디자인 | 윤지예 이영재
마케팅 | 문준영 이지은 박미애
디지털콘텐츠 | 안태정
등록번호 | 제2018-000146호(2018년 1월 23일)
주소 | 04091 서울시 마포구 토정로 222 한국출판콘텐츠센터 319호(신수동)
전화 | (02)719-7735   팩스 | (02)719-7736
이메일 | onobooks2018@naver.com   블로그 | blog.naver.com/onobooks2018
값 | 19,000원
ISBN 979-11-7043-505-1 03190